구텐베르크가 금속활자를 발명하기 전
책은 사람이 살 수 있는
가장 비싼 물건이었으나,
지금의 책은 가장 쉽게,
가장 저렴히 살 수 있는
지혜의 보고입니다.
애드앤미디어는
당신이 책을 통해 보다 쉽게
지식을 더할 수 있도록 노력합니다.

애드앤미디어 는 당신의 지식에 하나를 더해 드립니다.

답답해 죽느니
내가 직접 만드는
SNS콘텐츠

프롤로그

모두가 디자이너일 필요는 없어요
하지만, 보기 좋은 콘텐츠는 필요해요

아마도 이 책을 읽는 당신은 디자인을 잘 모르면서도 디자인 콘텐츠를 만들어야 하거나, 디자인을 잘 하고 싶어 포토샵도 배우고, 일러스트를 배웠는데도 완성되는 결과물에 대해 영 만족스럽지 않은 분일 것입니다.

디자이너의 어깨 위에 올라탈 수 있습니다

여기 손님을 집에 초대해 요리를 준비해야 하는 사람이 있습니다. 손님이 올 시간은 다 되어 가고, 요리는 해야 하는데 분초가 부족한 순간이죠. 요리에 익숙하다면 재료를 직접 사다가, 하나하나 다듬고, 요리법에 맞게 조리를 해서 완성을 하겠지만, 요리 초보자라면, 재료를 구입하는 것부터, 다듬는 방법, 조리법을 잘 모르기에 훨씬 더 많은 시간을 들이고도 원하는 요리를 완성하기가 어려울 것입니다. 다행히도 최근에는 다양한 요리를 쉽게 완성할 수 있는 요리 패키지 상품을 주변에서 쉽게 구입할 수 있습니다. 요리에 들어가는 재료를 분량에 맞게 잘 다듬어 놓고, 필요한 양념까지 모두 들어있는 반조리 상품이죠. 이러한 상품이 있어서 요리초보자라도 우리는 쉽게 원하는 요리를 완성할 수 있습니다. 게다가, 개인의 취향에 따라 재료나 양념을 곁들이면 같은 재료를 구입하더라도, 전혀 다른 요리로 탄생하기도 합니다.

우리가 원하는 디자인 콘텐츠도 마찬가지입니다. 기본적으로 모든 것을 배우고, 익혀서 원하는 콘텐츠를 완성해야겠지만, 디자인을 잘 모르거나, 시간이 없는 상황에서는 그러한 기본을 갖추기가 어렵습니다.

저는 망고보드가 요리 패키지와 같다고 생각합니다. 디자인에 필요한 재료들을 잘 구성해 놓고, 전문가들이 제공하는 디자인 템플릿을 수정하여 누구라도 쉽게 디자인 콘텐츠를 완성할 수 있게 하는 디자인 툴이니까요. 망고보드가 디자인의 전부는 아니지만, 디자인 초보자들과 디자인 업무 시간을 줄이려는 디자이너에게 아주 유용한 툴임은 분명해 보입니다.

이 책은 망고보드를 처음 사용하는 입문자들을 위해 망고보드의 기본 기능들을 꼼꼼하게 설명해 놓았습니다. 디자인 숙련자들을 위해서는 망고보드의 고급 기술과 좀 더 시간을 절약하는 방법들을 소개합니다.

망고보드 하나면 됩니다

우리가 일상적으로 사용해오던 프로그램들과 비슷한 구성으로 되어 있기에, 프로그램을 잘 다루셨던 분들은 교재 없이도 쉽게 망고보드를 사용할 수 있을 정도입니다. 그래서인지 망고보드를 개발한 회사에서는 몇 페이지 안 되는 간단한 매뉴얼만 제공하고 있습니다. 하지만, 모두가 이러한 프로그램을 쉽다고 느끼진 않습니다. 우리의 주변에는 스마트폰 기능 하나도 설명을 듣고, 배워야 활용할 수 있는 사람도 많습니다. 또 숨어있는 옵션을 정확하게 알고 있다면, 훨씬 작업 속도를 빠르게 할 수 있는데, 그렇지 못한 경우도 많이 있고요.

그래서, 전 좀 친절한 매뉴얼을 만들고자 합니다. 무미건조하고 기능만 설명하는 것이 아닌, 친절한 선생님이 옆에서 이야기하듯 설명해주는 매뉴얼을 준비했습니다.

이 책이 필요한 분들은

혼자 모든 일을 해야 하는 1인 창업자·스타트업 대표님, 자신의 SNS채널을 운영하는 많은 프리랜서, 디자인을 모르는데 콘텐츠 제작 업무를 맡게 된 직장인, 자신의 분야에서 더 크게 역량을 키워나가고픈 직장인, 내용을 기획했으나 디자인을 못해 외주를 주는 기획자, 디자이너에게 내용을 설명하느라 분통 터지는 실무자, 그밖에도 컴퓨터를 잘 못 다루지만 콘텐츠 제작을 하고 싶은 모든 분들께 바칩니다. 이 책을 통해 콘텐츠 제작에 어려움을 겪는 많은 분들이 망고보드를 쉽게 활용할 수 있게 되길 바랍니다.

2019년 3월 5일

엄혜경

🥭 추천의 글

누구나 디자이너가 될 수 있는 안내서

"편집은 창조의 과정이다", "누구나 디자이너가 된다"라는 모토로 시작한 망고보드가 마케터 사용자의 범위를 넘어서서 학생, 자영업자, 비영리기관, 기업, 공공기관 등으로 확장되고 있습니다. 망고보드의 웹 편집기가 검색, 편집, 조합의 과정을 통하여 새롭고 창의적인 콘텐츠를 생산하고 공유하기 위한 그릇이라면, 망고보드가 제공하는 디자인 템플릿과 디자인 요소는 그릇에 담기는 맛있는 음식이라고 생각합니다.

엄혜경 선생님은 망고보드의 베타 서비스 때 인연이 되어 지금까지 마케팅교육기관, 기업, 공공기관, 대학교에서 망고보드를 활용한 콘텐츠 제작 방법에 대하여 강의를 하고 있습니다. 이 책은 그간의 강의 핵심을 담은 소중한 자산입니다. 콘텐츠를 제작하고자 하는 많은 사람들에게 시원한 단비가 되어 주는 안내서로 활용되길 바랍니다.

리아모어소프트 상무이사 **권기수**

황금 손으로 만들어 준 망고보드 가이드

1인 기업을 운영하면서 해야 할 게 너무 많았습니다. 블로그, 유튜브, 인스타그램에 들어가는 이미지도 만들어야 하고, 오프라인 제작물도 만들어야 하는데, 포토샵을 잘하지 못하는 저에게는 너무 힘든 부분이었습니다. 그러다가 엄혜경 강사님을 통해서 망고보드를 알았고, 디자인 똥손이었던 제가 황금손이 될 수 있었습니다. 쉽고 예쁘게 다양한 콘텐츠를 제작할 수 있는 최고의 팁이었고 강사님을 통해서 디자인은 디테일에서 성패가 갈린다는 것도 배울 수 있었습니다. 똥손인 저에게 디자인 스승이 되어준 엄혜경 저자님의 이번 망고보드 책을 강력 추천합니다.

1인기업 오씨아줌마 유튜브 크리에이터 **오종현**

망고보드의 신세계를 경험해 보세요

나는 진료실에서 만나는 환자 외의 더 많은 대중에게 차별적이고, 구체적인 정보를 전달하기 위해 시대의 흐름으로 대두되는 동영상 플랫폼인 유튜브에 박민수 박사 채널을 개설했다.

그 중 유튜브 방송의 얼굴이라 할 수 있는 유튜브 썸네일 이미지에 대한 고민이 커서 다양한 이미지편집 프로그램을 사용해 보았지만 퀄리티가 만족스럽지 않아 고민이 깊어지는 중이었다. 이때 지인인 엄혜경 선생님께서 소개해준 망고보드를 통해 신세계를 접하게 되었다.

망고보드는 나처럼 많은 것을 혼자 해야 하거나, 디자인에만 많은 시간을 할애할 수 없는 자영업자, 소상공인, 1인 기업에게는 오아시스와 같은 획기적인 프로그램이다. 병원 안내문, 배너, 새로운 건강정보, 강의 파워포인트 이미지, 유튜브 썸네일 이미지 등 필요한 디자인 콘텐츠를 짧은 시간에 그것도 매우 훌륭한 퀄리티로 완성해 준다. 비슷한 처지의 많은 분들이 이 책을 통해 내가 경험한 망고보드의 효율성과 우수성을 함께 공유하게 되기를 바란다.

서울ND의원/ 의학박사 건강주치의 **박민수**

도전! 전문가도 부러워할 홍보디자인

회사와 강의 홍보를 위해 SNS에 최적화된 홍보디자인이 절실했다. 50대 아재로 컴퓨터에 능숙치 않고 디자인 회사에 맡기면 비용이 발생해 고민하던 중 엄혜경 대표의 망고보드 사용법 강의를 들으면서 고민이 싹 해결됐다. 하지만 독학으로는 한계가 있었다. 독학으로도 사용법을 세세하게 배울 수 있는 이 책이 출간된다는 소식을 듣고 누구보다도 기뻤다. 디자인 전문가도 부러워할 50대 아재의 저력을 보여줄 생각을 하니 벌써부터 가슴이 뛴다.

〈내통장 사용법〉 38쇄를 찍어낸 베스트셀러 작가 **이천**

카드뉴스를 만들기 위해 별★짓 다 해봤다

잡지교육원에서는 카드뉴스와 SNS콘텐츠 제작의 중요성을 일찍부터 알고, 2017년부터 그에 관한 교육을 진행하고 있다. 처음부터 잡지교육원의 교육을 맡아 주신 엄혜경 저자님의 강의 평가는 평균 평점을 뛰어넘는 만족도 높은 강의였다. 하지만, 강의를 들은 수강생들이 일선에서 사용하려면 설명이 더 필요하다는 요구가 많았다. 그래서 이 책을 쓰라고 독려하였고, 드디어 책이 나왔다. 실행력이 대단한 분이라는 것을 새삼 느끼게 하는 부분이다. 당신의 창의성, 문제해결 능력을 후회 없이 발휘할 기회를 이 책에서 찾길 바란다.

한국잡지교육원 부장 **이성용**

Chapter 3 망고보드 더 잘 활용하기

Chapter 4 실전에 바로 활용하는 SNS콘텐츠 만들기

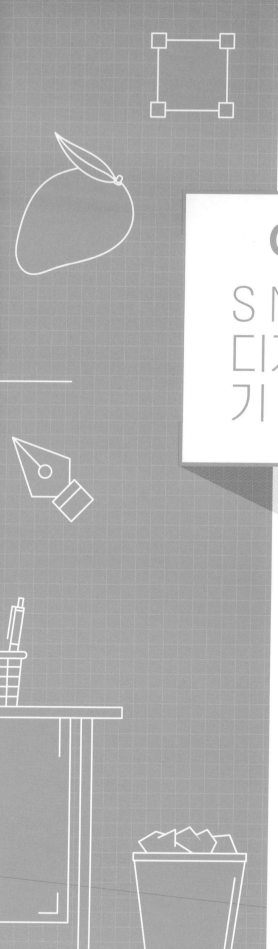

Chapter 1

SNS 콘텐츠 디자인을 위한 기초 다지기

블로그, 유튜브, 인스타그램, 페이스북... 다 운영하고 싶지만, 어떻게 만들어야할 지 모르겠다고요? 디자인 업체에 의뢰하려니 배보다 배꼽이 더 큰 비용은 물론 결과물도 마음에 들지 않는다고요? 망고보드는 이런 분들을 위해 누구나 쉽게, 간편하게, 편리하게 전문가처럼 디자인 콘텐츠를 만들 수 있는 툴입니다. 왜 망고보드가 SNS시대에 꼭 필요한 툴인지, 한 번도 안 써본 사람은 있어도 한 번만 써본 사람은 없는지 그 이유를 지금부터 확인해 보세요.

CONTENTS

01 SNS시대, 당신의 콘텐츠 디자인 점수는?

🔵 스낵 컬처(snack culture) 따라잡기

스낵 즉 과자를 먹듯이 짧은 시간에 미디어를 소비하는 트렌드를 일컬어 '스낵 컬처'라고 합니다. 출퇴근길 지하철에서, 친구를 기다리는 카페에서, 점심시간의 자투리 틈을 이용해 시간과 공간에 구애받지 않고 잠깐씩 스마트폰으로 미디어를 접하다보니, 미디어 콘텐츠의 경향도 변화하고 있습니다.

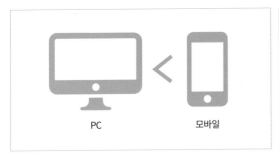

PC   모바일

어려운   쉬운

긴 글   짧은 글

텍스트   이미지   비디오

15

정성들여 만든 수많은 콘텐츠들이 초단타의 짧은 시간에 소비되고 버려지는 까닭에 콘텐츠 생산자들의 생각도 달라지고 있습니다. 이전에는 완성도 높은 고 퀄리티의 콘텐츠를 많은 시간과 비용을 들여 생산했다면, 지금은 완성도보다는 내용이 더 중요하며, 그것을 좀 더 빨리, 좀 더 자주, 좀 더 다양하게 생산해야 하는 것이 목표가 되었습니다.

콘텐츠 소비자 / 콘텐츠 생산자

빠른 이슈
한눈에 쉽게
초단타 소비

좀 더 빨리
좀 더 자주
좀 더 다양하게

기업에서 하나의 콘텐츠를 만들기 위해서는 회사, 제품, 서비스에 대한 전반적인 이해를 바탕으로 합니다. 기획 회의 단계에서 당연히 모든 사항을 다 숙지하고 있는 기획자들이 콘텐츠를 위한 콘셉트, 문구까지 결정하는 경우가 많습니다. 하지만, 이 모든 것을 이미지로 구체화하는 디자이너에게 넘어갈 때는 또 다른 문제가 발생합니다. 소통의 어려움은 물론 각자의 취향, 업무방식까지 다르기 때문입니다.

또 시간이 많이 걸립니다. 디자이너의 이해도에 따라 작업이 일찍 쉽게 끝날 수도 있지만, 아주 흔하게 많은 작업들이 수정과 피드백의 늪에 빠져 야근을 거듭하거나, 최악의 경우 노출 타이밍을 놓치는 경우도 발생합니다.

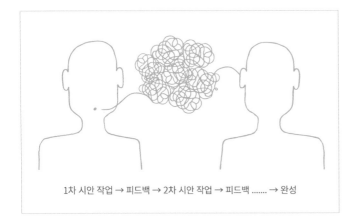

1차 시안 작업 → 피드백 → 2차 시안 작업 → 피드백 .... → 완성

● 모두에게 필수가 된 콘텐츠 디자인 능력

SNS상에서 소비되는 텍스트, 이미지, 영상 등 콘텐츠의 양은 어마어마합니다. 장르를 불문하고 스피디하게 전개되는 만큼 제작하는 콘텐츠의 종류도 다양하고, 숨 가쁘게 전개되는 상황을 따라잡기가 여간 힘든 게 아닙니다. 상황이 이럴진대 디자인을 하지 못한다는 이유로, 꽝손이라는 이유로, 스스로는 아무 것도 못하고 디자이너의 손만 바라봐야 한다면 어떨까요?

SBS 스브스 뉴스를 제작하는 하대석 기자가 출간한 〈드위트리 스토리〉에 이런 이야기가 나옵니다.

스브스 뉴스팀에서 카드뉴스를 만들 때, 디자이너만큼은 못해도 웬만한 디자인은 스스로 해보겠다는 자세로 배우려는 직원과 디자인은 원래 디자이너가 하는 거니 나는 글이나 잘 써야지 하고 생각하는 직원이 있다고 하자. 디자이너가 "이건 급해서 못해드려요."라고 얘기할 때, 전자의 경우 "이 기능 써서 하면 되지 않나요? 정 어려우시다면 제가 직접 할게요."라고 말하고, 후자의 경우는 "언제 해 주실 수 있어요?" 라며 계속 기다리고 있을 것이다. 시간이 지나면 두 직원의 격차가 어찌 될지는 불 보듯 뻔하다. "커뮤니케이션"과 관련된 기술과 노하우는 최대한 스스로 배워 자신의 것으로 만드는 게 좋다.

> 커뮤니케이션 기술(영상, 이미지편집)은
> 누구나 배워야할 기술이다.
> -하대석

이제는 기자들에게까지 디자인 제작 역량이 필요하다는 뜻입니다. 하물며 하루에도 몇 건씩 홍보이미지를 올려야 하는 마케터, 기획팀의 기획자, 내 상품을 팔고 있는 쇼핑몰 운영자들에게 다양한 커뮤니케이션 기술(영상, 이미지편집)이야말로 그 무엇보다 시급히 키워야 하는 능력이 된 것입니다.

🔵 누구나 쉽게, 빠르게, 능숙하게

포토샵 몇 달 배워 내가 원하는 디자인을 할 수 있을까요? 쉽지 않습니다. 포토샵과 일러스트와 같은 고급 그래픽 프로그램들은 배우기도 어렵지만, 기능을 다 안다고 해도 내 것으로 응용하기가 쉽지 않습니다.

그래서 최근에는 파워포인트와 같은 문서편집 프로그램들이 그래픽 기능들을 보다 다양하게 고급화하면서 이를 활용한 콘텐츠 제작 방법들이 인기를 끌기도 합니다. 일례로 충주시 페이스북 운영자가 파워포인트만 가지고 다음과 같은 콘텐츠를 만들어 엄청난 공유와 호응을 이끌어 내기도 했습니다. 디자인 퀄리티보다는 아이디어에 중점을 둔 콘텐츠로 독자와 쉽게 소통한 사례입니다.

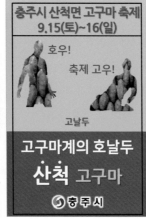

하지만 파워포인트만 가지고는 원하는 퀄리티의 콘텐츠를 생산하는 데는 한계가 있습니다.

포토샵보다는 훨씬 쉽고, 파워포인트보다는 고퀄리티가 가능한! 누구나 쉽고, 빠르게, 능숙하게 다룰 수 있으면서 완성도까지 충족시킬 대안이 있다면 어떨까요? 지금 당장 실행해봐야 하지 않을까요!

출처: 충주시 페이스북 www.facebook.com/goodchungju

02 디자이너 어깨 위에 올라타는 방법

근대 과학사에 한 획을 그은 아이작 뉴턴은 자신의 과학적 업적이 앞서간 수많은 위대한 과학자들의 어깨 위에 올라서 있었기 때문이라고 했습니다. 우리도 수많은 디자인 노하우와 자료, 기술이 응축된 플랫폼을 통해 더 멋지고 근사한 디자인 콘텐츠를 얼마든지 만들 수 있습니다.

> "거인의 어깨에 올라서서 더 넓은 세상을 바라보라"
> - 아이작 뉴턴

> "망고보드의 어깨에 올라서서 콘텐츠 디자인의 신세계를 경험하라"
> - 엄혜경

● 망고보드 디자인 플랫폼의 마법

저는 "디자이너 어깨 위에 올라타자"는 말을 자주 합니다. 우리가 디자인 능력이 부족하거나, 예술적 감각이 없다 해도 어깨를 빌려주는 전문 디자인 플랫폼에 올라탈 때 원하는 것 그 이상을 경험하고 실현할 수 있는 건 당연하겠지요.

이런 추세를 반영이라도 하듯 온라인에서는 디자인 콘텐츠를 쉽게 제작할 수 있는 디자인 플랫폼들이 계속 생겨나고 있습니다. 전문 디자이너가 아니어도 원하는 디자인 콘텐츠를 만들 수 있는 툴이 생기는 것입니다. 디자인 플랫폼의 특징은 다양한 디자인 DB를 보유하여 저작권에 구애 없이 활용할 수 있고, 쉬운 편집기능으로 익히기가 쉽고, 다양한 템플릿을 활용할 수 있도록 지원하는 것입니다. 또, 온라인에서 작업하여 저장·출력할 수 있습니다.

그럼, 그 중에서도 가장 많이 알려져 있고, 가장 많은 사람이 사용하고 있는 CANVA(외국 사이트)와 망고보드(국내 사이트)를 비교해 보겠습니다.

www.canva.com

www.mangoboard.net

사이트	www.canva.com	www.mangoboard.net
설립	2012. 1. 1 호주	2016. 10. 한국
공통점	웹 기반의 디자인 제작 플랫폼 다양한 템플릿을 제공, 활용 가능하도록 지원 비 디자이너뿐만 아니라 전문가 사용 무료회원도 작업 가능하나, 일부 기능과 디자인 요소에 워터마크	
특징	▪ 백만 장 이상의 사진, 그래픽 및 글꼴 제공 ▪ Dropbox와 제휴 ▪ 프레임을 자유롭게 활용할 수 있음(유료) ▪ 단순 애니메이션 기능 제공(유료) ▪ 한글폰트가 별로 없음 ▪ 우리나라 특징을 나타낼 수 있는 이미지와 디자인 재료가 　별로 없음	▪ 설날, 추석 등 우리나라 상황에 맞는 다양한 아이콘 제공 ▪ 우리나라에 많이 활용되는 글꼴 228종 제공(계속 추가) ▪ 프리셋을 활용한 자동 영상제작 지원(유료) ▪ 디자인 요소에 움직임을 주는 GIF애니메이션 지원 ▪ 새로운 템플릿과 디자인 요소의 주기적 업데이트 ▪ 국내 기업의 쉬운 문의와 빠른 피드백 지원 ▪ Pixabay와 제휴 – 망고보드에서 바로 사용
가격	월간 $ 12.95 USD 연간 $ 119.40 USD	주간, 월간 15,000 ~ 49,000원까지 요금제 다양

● 왜 망고보드일까요!!

망고보드를 한마디로 정의하면 '디자인 블록'이라 할 수 있습니다. 내게 필요한 사진, 아이콘, 텍스트를 블록처럼 하나씩 모아 원하는 디자인 콘텐츠를 만들어 내는 디자인 플랫폼입니다. 한 장의 홍보물을 만들려고 해도 사진과 아이콘, 폰트 등 여러 가지 재료가 필요하지요? 각각의 저작권을 확인하며 작업을 해야 하기에 디자이너가 아닌 일반 창작자들에게는 쉽지 않은 일입니다. 망고보드는 이러한 일반 창작자들을 위해 다양한 이미지 재료와 그것들을 편집할 수 있는 손쉬운 편집 기능을 지원하여 누구라도 쉽게 디자인 콘텐츠를 완성할 수 있습니다.

간단한 마우스 조작으로 디자인 완성

망고보드를 해야하는 10가지 이유

Free **무료 저작권**	망고보드의 모든 콘텐츠는 저작권에서 자유롭습니다. 이미지, 아이콘, 폰트 등 모든 디자인 요소를 저작권 걱정 없이 마음껏 작업할 수 있습니다.
Easy **쉬운 편집기능**	망고보드의 기능은 흔히 사용하는 파워포인트 등의 문서도구와 비슷해 혼자서도 쉽게 익힐 수 있습니다. 고급 그래픽 효과까지 쉬운 편집기능을 이용해 누구라도 손쉽게 디자인 콘텐츠를 완성할 수 있습니다.
Wide **방대한 디자인 요소**	망고보드에는 사진, 각종 도형, 아이콘, 폰트 등 방대한 양의 디자인 요소가 있습니다. 또 가장 많은 무료 사진을 보유하고 있는 PIXABAY(픽사베이) API로 사진까지 자유롭게 검색하여 사용할 수 있습니다.
Well-made **맞춤 템플릿**	망고보드에는 11가지 종류의 디자인 콘텐츠를 자유롭게 만들 수 있는 다양한 템플릿이 제공됩니다. 전문 디자이너가 제공하는 템플릿을 가지고 짧은 시간 안에 수준 높은 디자인 콘텐츠를 완성할 수 있습니다.
Only 1 **한글 사용 최적화**	대부분의 외국기업 디자인 플랫폼들이 한글 폰트 사용에 어려움이 있는 것과는 달리, 망고보드는 다양한 한글 폰트를 제공함은 물론, 한글 타이포그래픽에 맞출 수 있는 국내 유일의 서비스입니다.
Multy Play **원소스 멀티유즈**	하나의 주제로 배너, 카드뉴스, 인포그래픽 등으로 콘텐츠 전환이 쉽고, 자동 동영상과 애니메이션 GIF까지 생동감 있는 콘텐츠를 완성할 수 있습니다.
OK Print **온라인&인쇄물**	망고보드에서 제작한 디자인은 인쇄물로도 바로 활용할 수 있도록 CMYK 컬러변환과 텍스트 벡터변환이 지원됩니다. 명함, 브로슈어, 행사장의 배너, 현수막까지 망고보드로 디자인할 수 있는 범위는 매우 넓습니다.
Yes internet **웹 기반 프로그램**	망고보드는 프로그램을 설치하지 않고 웹에 접속하여 사용하는 웹 기반 프로그램입니다. 언제, 어디서든지 인터넷이 연결된 곳에서는 자유롭게 접속하고 공유할 수 있기에 업무의 효율성을 극대화합니다.
Economic **기간별 결제**	망고보드는 무료계정만으로도 대부분의 기능들을 자유롭게 활용할 수 있으며, 유료계정의 경우 결제 기간이 1주일 단위부터 1년 단위까지 다양하여 꼭 필요한 기간만큼 결제하고 합리적으로 사용할 수 있습니다.
So Hot **주기적인 업데이트**	디자인 템플릿은 많은 사용자가 반복 사용하면 신선함을 잃게 됩니다. 망고보드에서는 매주 수요일 새로운 템플릿, 아이콘, 폰트들을 주기적으로 업데이트하여 계속 새로운 디자인 콘텐츠를 완성할 수 있습니다.

● 망고보드로 금손되기 프로젝트

디자인 초보부터 프로까지 우리는 망고보드를 이용해서 SNS콘텐츠 디자인에 관련된 아주 많은 것을 할 수 있습니다.

간단한 배너는 식은 죽 먹기

가장 먼저 아주 간단한 배너를 만들 수 있습니다. 만든 배너는 페이스북이나 인스타그램에 바로 올릴 수 있어요.

마구마구 클릭을 부르는 썸네일

블로그나 유튜브, 인스타그램, 카카오스토리 등 SNS채널을 운영하는 분들은 매일 또는 매주 업로드하는 썸네일 이미지를 금방 만들 수 있을 것입니다. 이 정도면 망고보드 기능에도 좀 익숙해지면서 SNS콘텐츠들이 고급지게 정리되는 기쁨을 맛보게 될 것입니다.

행사 기획 디자인도 척척척

SNS의 행사를 기획한 후, 내가 바로 디자인하는 것은 물론 이벤트 당첨자들의 당첨소식도 예쁘게 올릴 수 있습니다. 조금만 신경 써도 엄청 애쓴 듯한 효과와 뿌듯한 보람을 느낄 수 있을 것입니다.

오프라인 광고물도 문제 없어요

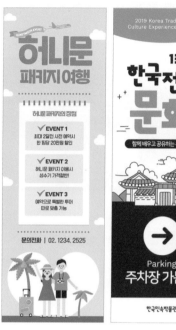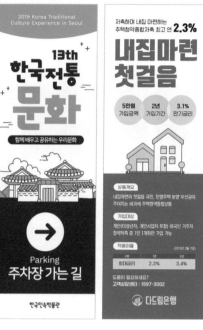

오프라인 행사를 많이 하시는 분들은 행사에 필요한 배너나 플래카드, 행사 안내문 등을 만들 수 있습니다. 망고보드에서 만들어서 출력만 의뢰하면 비용도 아끼고, 시간도 절약하는 유능함을 발휘할 수 있습니다.

대외용 회사 홍보물까지 당신 디자이너야?!

이쯤 되면 회사의 홍보물, 채용공고문 등은 30분 안에 만들 수 있습니다. 회사의 인재를 뽑는 중요한 모집공고를 기업의 컬러와 의미를 담아 직접 만들 수 있습니다. 또 온라인 상품을 판매하는 분들은 이벤트 홍보물들을 금방 완성하게 될 것입니다.

카드뉴스, 상세페이지까지 뚝딱뚝딱

좀 더 익숙해지면 스토리를 잘 다듬어 여러 장의 카드뉴스를 만들 수 있습니다. 완성된 카드뉴스는 동영상으로 바로 제작할 수 있습니다. 상품을 판매하는 분들은 상세페이지를 직접 구성하게 될 것입니다.

각종 보고서의 神으로

이쯤 되면 회사의 각종 보고서를 망고보드에서 작성하게 될 것입니다. 한 눈에 쉽게 작성된 보고서는 팀장님, 부장님의 칭찬을 부를 것입니다. 또 사업계획서와 매출규모 등을 인포그래픽으로 완성할 수 있게 됩니다. 업무의 많은 시간을 보고서 디자인에 매달려 고뇌하고, 자괴감이 드는 피드백으로 힘들었던 시간을 보상받는 유익한 도전이 될 것입니다.

이럴 때 꿀팁! 외주제작 디자이너에게도 당당하게

좀 더 창의적이고, 좀 더 예술적이고, 좀 더 완성도 높은 디자인 콘텐츠가 필요할 경우에는 당연히 외주 제작으로 진행하게 되지요. 작업을 디자이너에게 맡길 때, 망고보드로 간단히 시안을 만들어 보여주면 디자이너와 좀 더 구체적이고 명확한 의견을 나눌 수 있습니다. 더 이상 다음과 같은 애매모호한 말로 디자이너를 괴롭히지 않는 당신은 일 잘하는 디렉터 우후훗~.

"예쁘게 만들어 주세요."
"잘 만들어 주세요."
"심플하면서도, 화려하게, 눈에 확 띄게 만들어주세요."

03 SNS콘텐츠 크기 맞추기

SNS콘텐츠의 종류는 너무 다양합니다. 1페이지 홍보물(망고보드에서는 SNS이라 부릅니다), 카드뉴스, 인포그래픽, 영상까지 유형별로 크기가 다르게 구성되어 있고, 게다가 채널별 콘텐츠의 크기가 다릅니다. 그래서 SNS콘텐츠를 만들려면 먼저, 채널과 유형에 맞는 콘텐츠의 크기를 확인해야 합니다.

● 채널별 콘텐츠 크기 알아보기

페이스북, 유튜브, 인스타그램, 카카오스토리를 운영할 때 필요한 커버 이미지, 프로필 이미지, 썸네일 이미지(대표 이미지)등의 크기를 확인하고 준비하세요.

페이스북

페이스북 커버 이미지	820*312
페이스북 프로필 이미지	180*180
페이스북 페이지 커버 이미지	1920*1080
페이스북 페이지 프로필 이미지	180*180

유튜브

유튜브 커버 이미지	2560*1440
유튜브 프로필 이미지	800*800
비디오 업로드 이미지	1280*720

인스타그램

인스타그램 프로필 이미지	110*110
인스타그램 사진 이미지	1080*1080
인스타그램 스토리 이미지	1080*1920

카카오스토리

카카오스토리 커버 이미지	800*384
카카오스토리 프로필 이미지	640*640
작은 썸네일 이미지	200*200
큰 썸네일 이미지	704*352 2:1 비율

TIP | 콘텐츠의 크기 정할 때 유의할 점

이미지의 단위는 픽셀입니다.
픽셀은 이미지를 이루는 가장 작은 단위로 네모 모양의 작은 점들을 말합니다. 디지털 이미지는 '픽셀(Pixel)'이 모여서 완성됩니다.

이미지 크기는 비율로 적용합니다.
예를 들어 카카오의 프로필 이미지가 640*640으로 보인다면, 원본은 1000*1000으로 작업해도 좋습니다. 비율을 맞춰 작업하는 것을 추천합니다.

SNS에서 최상의 결과를 얻으려면 100KB 미만의 JPG 파일로 업로드 하십시오.
망고보드에서 800*800의 SNS콘텐츠를 만들면 300~800KB의 파일 용량으로 저장됩니다.

● 유형별 콘텐츠의 크기

채널에 업로드할 콘텐츠는 그 목적과 유형에 따라 크기가 달라집니다. 주로 사용하는 콘텐츠의 크기를 확인합니다.

1페이지 홍보물

800*800, 1:1 비율

정사각형의 인스타그램에 주로 사용되는 콘텐츠로, 한 장의 이미지에 눈에 띄는 홍보 문구 또는 간략한 정보 등을 담고 있습니다.

인포그래픽

세로형 인포그래픽 : 1920*1080

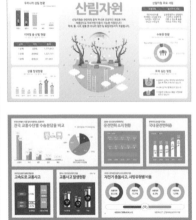

가로형 인포그래픽 : 1080*1920

짧은 시간에 빠르고 정확한 정보를 전달할 수 있도록 정보를 시각화하여 표현하는 콘텐츠입니다. 정보의 홍수인 시대에 꼭 필요한 정보만 쉽고, 빠르게 전달하여 인기를 끌고 있습니다. 인포그래픽의 사이즈는 정해지지 않았지만, 한 장에 많은 정보를 담다 보니 세로 또는 가로의 긴 형태로 제작하는 경우가 많습니다. 하지만, 한 장에 하나의 정보만을 표현하는 간략한 인포그래픽도 많이 제작되어 유통되고 있습니다.

배너

망고보드 배너 : 1000*370

네이버 메인 타임보드 : 740*120

네이버 메인 롤링보드 : 332*150

인터넷 홈페이지에 띠 모양으로 부착하는 광고를 말합니다. 상품홍보, 이벤트 등 홍보 내용을 작은 창에 한눈에 보이도록 만든 콘텐츠입니다. 배너를 올리는 웹사이트와 위치마다 크기가 다르므로, 제작하기 전 정확한 사이즈를 알고 작업해야 합니다. 망고보드에서는 자유롭게 사이즈를 조절할 수 있습니다.

썸네일 이미지

블로그 썸네일 이미지
400*400, 1:1 비율

유튜브 썸네일 이미지
1280*720

블로그, 포스트, 유튜브 등의 콘텐츠를 대표하는 이미지입니다. 검색 시 글보다 먼저 눈에 띄므로, 글의 대표성을 갖는 내용으로 만드는 것이 좋습니다. 기본적인 썸네일 이미지의 크기는 1:1 비율이지만, 유튜브의 썸네일 이미지는 사이즈가 다릅니다.

카드뉴스

스마트폰에 최적화된 콘텐츠로 SNS로 확장하기 좋은 형태를 구성하고 있습니다. 이미지를 강조하는 높은 가독성으로
언론사, 스타트업, 공공기관 등에서 가장 많이 활용되는 디지털 콘텐츠입니다.

핵심적인 키워드, 함축적인 정보, 간결한 이야기, 이미지로 구성하여 공유와 확산에 유용하며 페이스북, 인스타그램, 카
카오스토리 등 많은 채널에서 활용하고 있습니다.

카드뉴스 종류

카드뉴스는 내용 구성에 따라 정보를 나열하여 보여주는 나열형 카드뉴스와 이야기를 풀어 보이는 스토리텔링 카드뉴
스, 그림으로 스토리를 진행하는 웹툰형 카드뉴스로 나눠집니다.

나열형 카드뉴스   스토리텔링 카드뉴스   웹툰형 카드뉴스

이미지 출처 : 여행에 미치다, 열정에 기름 붓기, 스킨미소

일반적인 카드뉴스 사이즈

일반적인 매체는 카드뉴스 사이즈를 정사각형 또는 세로 직사각형 형태의 사이즈로 제목장과 내용장을 같은 크기로 제
작합니다.

정사각형 카드뉴스

정사각형 사이즈의 카드뉴스는 카드뉴스
가 처음 만들어졌을 때부터 사용하던 형태
입니다. 한눈에 간결하게 볼 수 있는 사이
즈입니다. 보통 800*800으로 제작합니다.

세로형 카드뉴스

직사각형 사이즈의 카드뉴스는 스마트폰을 통해 카드뉴스를 접하는 독자가 많아지면서 스마트폰 화면 사이즈에 꽉차게 보이기 위해 제작하는 사이즈입니다. 보통 800*1200으로 제작합니다.

페이스북용 카드뉴스 사이즈

페이스북의 페이지에서는 제목장의 카드뉴스 사이즈에 따라 카드뉴스 썸네일 화면이 다르게 나타납니다.

페이스북에서는 카드뉴스 제목장과 함께 내용장이 함께 나타납니다. 정사각형으로 제작할 경우는 2*2바둑판 형태로 정돈된 모습으로 나타나고, 제목장을 세로로 긴 직사각형으로 제작했을 경우는 제목장이 길게 나타나고, 내용장 3장이 정사각 형태로 배열되어 나타납니다. 제목장을 가로로 긴 직사각형으로 제작했을 경우는 제목장 아래 내용장 3장이 정사각 형태로 배열되어 나타납니다. 제목장의 내용, 사진에 따라 사이즈를 조절하여 제작해야 합니다.

정사각형 카드뉴스

800*800 1:1 비율

모든 카드뉴스를 정사각형 비율로 만들어 바둑판 형태로 구성되어 보여지도록 합니다.

인스타그램에서는 정사각형 형태의 카드뉴스가 가장 많이 사용됩니다.

세로형 카드뉴스

제목장 : 800*1200 2:3 비율 내용장 : 800*1200 2:3 또는 800*800 1:1 비율

스마트폰에서 한 눈에 보이는 카드뉴스를 제작할 때 사용하는 비율입니다.

제목장과 내용장을 모두 세로로 긴 형태로 제작하거나, 제목장은 세로로 긴 형태로 하고, 다른 내용장은 정사각형 비율로 만들어 업로드합니다.

가로형 카드뉴스

제목장 : 1200*800 3:2 비율 내용장 : 800*800 1:1 비율

제목장의 제목을 한 눈에 보이게 하고 싶거나, 가로로 긴 배경을 사용할 때 주로 구성되는 형태입니다.

제목장은 가로로 긴 형태로 제작하고, 다른 내용장은 정사각형 비율로 만들어 제목과 내용장이 모두 잘 보이도록 합니다.

04 눈에 띄는 제목 만들기

스쳐가듯 지나가는 타임라인에서 내 콘텐츠를 눈에 띄게 하려면, 눈에 확 꽂히는 제목과 그것을 표현하는 폰트가 있어야 합니다.

눈에 확 꽂히는 제목의 특징

제목에는 독자의 호기심을 유도하는 문구가 필요합니다. 호기심을 유도하기 위해선 독자에게 재미가 있거나, 궁금하거나, 공감되거나, 현재 처한 어려운 상황을 해결해 주거나, 자신에게 이득이 되는 제목이 필요합니다. 식상한 제목 말고, 독자의 입장이 되어 끌리는 제목을 만들어 보세요.

예를 들어, '더이슨' 이란 이름의 청소기를 판매하는 홍보콘텐츠를 만들어 볼까요?

정확한 타깃	혼족의 미니멀 라이프에 꼭 맞는 청소기
필요한 상황	봄날 미세먼지, 더이슨에게 맡겨주세요
순서에 대한 설명	3단계로 끝내는 더이슨 청소 비법

제목에 들어가면 좋은 7가지 내용

흥미　순서　신뢰　질문　타깃　상황　이득

꽂히는 제목 만들어 보기

여러분들의 콘텐츠 제목에 들어가면 좋은 7가지 내용을 적용해 보시기 바랍니다.

흥미를 유발하자

순서를 정해주자

신뢰감을 주자

질문을 하자

타깃을 명시하자

상황을 명시하자

이득을 명시하자

● SNS콘텐츠에 많이 사용되는 폰트

어떤 폰트를 쓰는가에 따라 콘텐츠의 느낌이 달라집니다. 느낌을 잘 표현하기 위해 고딕, 명조, 디자인 폰트 중에서 글과 잘 어울리는 폰트를 골라 써야 합니다.

주로 강하고, 깔끔하고, 신뢰감을 주어야 할 때는 고딕 폰트, 부드럽고, 온화하고, 감성적인 느낌을 주고자 할 때는 명조 폰트, 트렌디하고, 개성 있고, 재미있는 글을 표현할 때는 디자인 폰트를 사용하는 것이 일반적입니다.

폰트에 따라 다른 분위기

망고보드 폰트의 종류

망고보드는 228종의 다양한 폰트와 캘리그래피 폰트 5종을 제공합니다.

고딕 폰트 : 강하고, 깔끔하고, 신뢰감이 드는 폰트

바른고딕 바른고딕L **바른고딕B**	노토 산스 노토 산스L **노토 산스B**	옴니고딕 010 옴니고딕 030 **옴니고딕 050**	데이라잇 L 데이라잇 R 데이라잇 B	나눔고딕 나눔고딕 L **나눔고딕 EB**	나눔바른고딕 나눔바른고딕 L **나눔바른고딕 B**	나눔스퀘어 나눔스퀘어 L **나눔스퀘어 EB** **나눔스퀘어라운드EB**
노토 산스 노토 산스 L **노토 산스 B**	이순신 돋움 이순신 돋움 L **이순신 돋움 L**	**옴니고딕 050** 옴니고딕 040 옴니고딕 030 옴니고딕 020 옴니고딕 020	나눔바른펜 포천오성과한음 **포천오성과한음**	제주고딕 청소년 서울남산		

명조 폰트 : 부드럽고, 온화하며, 감성적인 폰트

나눔명조 경기천년바탕 서울한강	수필명조 L 수필명조 R **수필명조 B**	Kopub바탕 Kopub바탕L **Kopub바탕B**	제주명조 나눔명조 경기천년바탕	별빛차 L 별빛차 R **별빛차 B**	대한 제주명조 이롭게 바탕	Kopub바탕 **Kopub바탕B** Kopub바탕L
나눔명조 디자인하우스 L **디자인하우스 B**						

두꺼운 디자인 폰트 : 트렌디하고, 유머 있고, 재밌는 폰트

격동고딕 **격동굴림**	로맨스텐실 Basic 네모니 Oblique **슈퍼로봇**	동백꽃 개화 **단팥빵**	**로케트** **발레리나** **발레리노**	마마블럭L 마마블럭R **마마블럭B**	**싸나이L** **싸나이R** **싸나이B**	배달의민족 도현 배달의민족 연성 배달의민족 주아 배달의민족 한나
수퍼사이즈Black **수퍼사이즈Black** **수퍼사이즈Black3D**	**수퍼사이즈Black3DItalic** **수퍼사이즈BlackBOX** **수퍼사이즈BlackBOXitalic**	**우리시장** **커밍순**	**치어리더** **피오피네모** **피오피네모OL**	**스웨거** **가로수** **강변북로**	고도M 고도B 고도마음	**잘난** **월인석보** **종로삼거리**
호요요 **시네마극장** **티몬 몬소리**	빛의계승자 Bd **HS봄바람** **HS여름물빛**					

가는 디자인 폰트 : 발랄하고, 섬세하며, 귀여운 폰트

긴생머리 L **긴생머리 R** **긴생머리 B**	동막골 L 동막골 R **동막골 B**	산골고개 L 산골고개 R **산골고개 B**	연애시대 L **연애시대 R** **연애시대 B**	타임라인 L 타임라인 R **타임라인 B**	**경기천년제목** 경기천년바탕	빙그레 **빙그레 B** 빙그레 Ⅱ **빙그레 Ⅱ B**

캘리그래피 폰트 : 개성있고, 드라마틱하며, 예술적인 폰트

가비구장이 겨울나무	**겨울밤** 겨울하늘 겨울흔적	격동 헝큰머리 새벽달	상상토끼 꽃길 상상토끼 신라장 잉크립퀴드	나눔손글씨 펜 나눔손글씨 붓 국수들의 잔치	tvN 즐거운이야기 **야놀자야** 어비 담이	어비 류가 어비 마이쎈 어비 앤
어비 이슬 어비 코즈 어비 해키	울릉읍 유혜진 미생	이순신 이동진 제주한라산	포천막걸리 태백산맥			

영문 폰트

Droid Sans Droid Serif **Aileron-Black**	Aleo-Light Aleo-Regular AlexBrush-Regular	ALEO-LIGHT **BEBASNEUE** BEBASNEUEBOOK	CanterBoldStrips CanterLight	**Chivo-Black** Chivo-Black	Comfortaa-Regular Courgette-Regular DancingScript-Regular	Domine-Regular Earthbound-Regular EDO
FiraSans-Light **FiraSans-Medium** Frederickathe Great-Regular	**FredokaOne-Regular** JosefinSans-Regular JosefinSlab-Regular	**KARMATICARCADE** KaushanScript-Regular **Knewave**	Lato-Hairline Lato-Hairline	**LeagueGothic-Regular** Librebaskerville-Italic Librebaskerville-Regular	LOVELOBLACK LOVELOLINEBOLD MEGRIM	Merriweather-Black Merriweather-Black Merriweather-Black Montserrat-Thin
Niconne-Regular **Open-sans-bold** Open-sans-regular	Orbitron **PANTONBLACKCAPS** **RacingSansOne-Regular**	**PlayfairDisplay-Bold** PlayfairDisplay-Regular **Poppins-Bold** Poppins-Light	**Raleway-ExtraBold** Raleway-Regular Raleway-Thin	Roboto-Regular **Rye-Regular** **Sniglet**	**Roundo-Bold** Roundo-ExtraLight Roundo-Medium	**Sansita-ExtraBold** Sansita-Regular SummerFontLight

외국어 폰트

僕体 日本 Noto Sans 日本 Noto Sans Vietnam Noto Sans 中文					SUNDAYREGULAR TenorSans-Regular TeXGyreAdventor	VarelaRoundRegular **WorkSans-Bold** WorkSans-Regular Yellowtail

망고보드의 폰트 활용 예

망고보드에서 골라 쓴 눈에 띄는 제목과 사용한 폰트를 알아봅니다.

힘 있는 제목

제목을 힘 있게 강조하기 위해서는 '로케트', '배달의 민족 도현', '옴니고딕 050', '시네마극장'과 같은 두께감이 있고, 획이 강한 폰트를 주로 사용합니다.

로케트

배달의 민족 도현

옴니고딕 050

시네마극장

발랄한 제목

획이 두꺼우면서도 부드럽게 휘어진 '발레리나', '단팥빵', '격동굴림', '치어리더'등과 같은 폰트는 제목을 강하면서도 경쾌한 느낌을 갖게 합니다.

발레리나

단팥빵

격동굴림

치어리더

분위기 있는 제목

획의 삐침이 있는 폰트를 '세리프체'라 부릅니다. 망고보드의 폰트 중 이러한 삐침이 있는 'Kopub바탕B', '경기천년바탕', '수필명조 B', 'HS봄바람'과 같은 폰트를 사용하면 차분하면서도, 정감 있는 느낌을 완성할 수 있습니다.

Kopub바탕B

경기천년바탕

수필명조B

HS봄바람

🔘 인기 있는 제목 강조방법 6가지

폰트와 디자인은 모두 트렌드에 민감합니다. SNS콘텐츠에 많이 쓰이는 제목을 강조하는 몇 가지 예시를 살펴봅니다.

나를 위한 여행

강조점 넣기
중요한 단어에 강조점을 넣어 강조합니다.

체 험 단 모집

텍스트 박스에 넣기
한 글자씩 각각의 박스에 넣으면 강조효과가 큽니다.

라인 만들기

형광마커 표현 넣기
중요한 단어에 형광마커 효과를 넣어 강조합니다.

발렌타인데이

부분 가려주기
텍스트의 일부분을 가려주면 오히려 텍스트를 강조하는 효과를 줄 수 있습니다.

#원데이클래스

해시태그처럼 표현하기

제목 앞에 "#"을 추가하여 해시태그처럼 강조합니다.

망고보드

긴 그림자로 표현하기

텍스트에 긴 그림자를 넣어 입체감 있게 표현할 수 있습니다.

TIP 제목에 어울리는 폰트 찾는 꿀팁

'눈누'는 국내 출시된 모든 폰트를 한눈에 볼 수 있는 폰트 큐레이션 사이트입니다.

'눈누'에 접속하여 원하는 텍스트를 입력하면, 각 폰트로 표현됩니다. 원하는 폰트를 클릭하면, 폰트의 저작권 범위와 폰트를 다운받을 수 있는 링크를 확인할 수 있습니다.

http://noonnu.cc/

05 SNS콘텐츠에
사용하기 좋은 이미지

쉽게 구분하는 이미지 종류

가장 일반적인 이미지 : JPG

웹에서 표준으로 사용되는 그래픽 파일의 확장자입니다. JPG 또는 JPEG로 표현합니다.

배경이 투명한 이미지 : PNG

비 손실 그래픽 파일 포맷으로 JPEG에 비해 용량은 크지만 문자나 날카로운 경계가 있는 그림에 효과적입니다. 배경을 투명하게 저장할 수 있습니다.

움직이는 애니메이션 이미지 : GIF

웹페이지 상에서 마치 살아 있는 개체처럼 움직이는 그래픽 이미지로 애니메이션 GIF라고도 합니다. 하나의 파일 내에 여러 개의 이미지들이 번갈아 가며 돌면서 나타납니다.

깨지지 않는 이미지 : SVG

SVG는 W3C가 개발한 개방형 표준으로, 웹 등에서 스크립트가 가능한 다목적 벡터 포맷의 필요를 위해 만들어진 이미지입니다. 확대해도 깨지지 않는 이미지로 형태를 선명하게 표현하기에 유용한 파일입니다.

● 저작권 없는 무료 이미지 사이트 BEST 5

pixabay.com

픽사베이는 가장 많은 사진을 보유하고 있는 무료 이미지 사이트입니다. 사진과 일러스트, 벡터 그래픽, 비디오 자료를 보유하고 있고, 카테고리 별로 구분되어 있고 한글로 검색이 가능합니다.

unsplash.com

언스플래시에는 고퀄리티의 분위기 있는 풍경사진이 많이 있습니다. 언스플래시 가입 후, 사진 구독 신청을 할 경우 10일마다 고해상도 사진을 받아볼 수 있습니다. 회원가입을 하지 않고도 사진을 다운받을 수 있습니다.

www.splitshire.com

스플릿샤이어는 포토그래퍼 다니엘 나네스쿠가 자신의 사진과 영상을 무료로 공유하는 사이트입니다. 퀄리티가 높은 감성 사진과 영상들이 많아 업무나 자료 작성 시 PPT 화면 배경에 좋은 이미지들을 찾을 수 있습니다.

www.pexels.com

픽셀스는 감성적인 이미지와 실용적인 이미지를 모두 찾을 수 있는 이미지 사이트입니다. 매주 70장의 고해상도 그림을 업로드하며 현재 다운로드가 완전 무료인 4,500장 이상의 이미지를 갖고 있습니다.

www.freeqration.com

프리큐레이션은 30여 개의 무료 이미지 사이트를 모두 연결해 놓은 이미지 큐레이션 사이트입니다. 원하는 검색어를 입력하면, 연결된 모든 이미지 사이트에서 검색해 보다 빠르게 찾을 수 있게 도와 줍니다.

● SNS콘텐츠에 쓰기 좋은 이미지

SNS콘텐츠에 실사이미지를 사용할 경우는 다음의 예와 같이 '피사체가 한쪽에 있는 이미지', '색상의 콘셉트가 명확한 이미지', '배경이 단순한 이미지', '의미 전달을 잘 할 수 있는 이미지', '시선처리가 잘 되어 있는 이미지'를 선택하면 제목과 함께 의미전달을 보다 쉽게 할 수 있습니다.

피사체가 한쪽에 있는 이미지

색상의 콘셉트가 명확한 이미지

배경이 단순한 이미지

의미 전달을 잘 할 수 있는 이미지

시선처리가 잘 되어 있는 이미지

● 제목을 강조할 수 있는 이미지

망고보드에서는 다음과 같이 제목을 강조할 수 있는 이미지가 많이 있습니다. 다음의 단어를 검색해 보세요.

검색어 : 피켓, 메모지, 칠판, 종이, 포스트잇, 말풍선

● 복잡한 배경 조절하는 방법

도형을 이용하여 배경 정돈

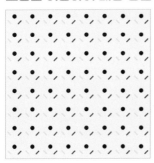 

배경이 복잡할 경우, 원 또는 사각형의 도형을 이용하여 배경을 정돈하고, 텍스트를 넣을 공간을 만들 수 있습니다.

투명박스를 이용하여 배경 정돈

뒤 배경의 일부는 나와야 할 경우, 사각 박스를 넣고, 투명도를 조절하여 뒤 배경이 나오면서도 복잡하지 않도록 톤을 다운할 수 있습니다.

Chapter 1

사진 필터를 이용하여 배경 정돈

배경 사진을 분위기 있게 만들고자 한다면, 사진 필터 비네팅과 사진의 투명도를 조절하여 분위기 있는 배경으로 조절할 수 있습니다.

그라데이션을 이용하여 배경 정돈

복잡한 배경 사진의 일부분을 그라데이션 처리하면, 텍스트를 넣을 공간도 확보되고, 배경도 살릴 수 있습니다

06 무료로 배경 투명하게 만드는 법

상품 이미지를 사용할 때 배경 때문에 어려운 적이 많았을 것입니다. 이미지의 배경을 지우기 위해서는 포토샵을 주로 사용하지만, 포토샵이 없거나, 사용방법을 모를 경우에도 배경을 투명하게 지울 수 있는 여러 가지 방법이 있습니다.

● 파워포인트 이용하기

파워포인트 2010버전부터 사용할 수 있는 '배경제거'기능을 활용하면, 배경을 쉽게 지울 수 있습니다.

기능 : [메뉴]-[이미지 서식]-[배경제거]

파워포인트에서 배경지우기

파워포인트에 배경을 지울 이미지를 추가합니다. 이미지를 선택하고, ❶배경제거를 클릭합니다.

자동으로 제거될 배경이 보라색으로 표시됩니다. 필요한 경우 배경제거메뉴에서 보관할 영역표시, 제거할 영역표시, 표시삭제 기능을 이용하여 더 지워야할 부분을 추가할 수 있습니다.
보라색 영역이 정돈되면, ❷변경내용유지를 클릭합니다.

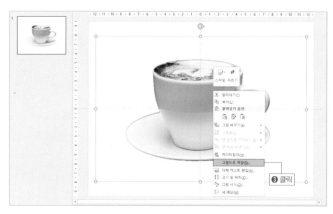

다음과 같이 배경이 투명하게 지워집니다. 이미지를 망고보드에서 사용하려면, 이미지를 선택하고 마우스의 오른쪽 버튼을 클릭하여 우클릭 메뉴를 엽니다. ❸그림으로 저장을 클릭하여 PNG파일로 저장합니다.

● 픽슬러닷컴 이용하기

픽슬러닷컴은 포토샵이 없어도 간단하게 이미지를 편집할 수 있는 웹사이트로, 오토데스크에서 개발하였습니다. 포토샵 기본 기능들이 들어 있습니다. 배경지우기는 물론 쉽고 멋진 사진 편집 기능을 사용할 수 있습니다.

사이트 주소 : 픽슬러닷컴 pixlr.com/editor

배경이 있는 이미지

배경 지우고 망고보드에서 편집

픽슬러닷컴에서 배경지우기

인터넷에서 pixlr.com/editor에 접속합니다. ❶컴퓨터로부터 이미지열기를 클릭하여 준비된 이미지를 엽니다.

실습이미지 다운받기
pixabay.com/photo-1957740

❷레이어 잠금 해제를 더블클릭하여 잠금 해제를 합니다.

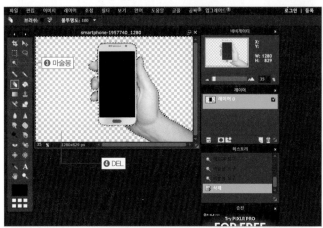

❸마술봉, 지우개를 이용하여 원하는 부분을 선택합니다.

❹선택한 영역을 del버튼으로 지웁니다. 지운 후, 선택한 영역을 해제합니다. 선택 해제는 Ctrl + D

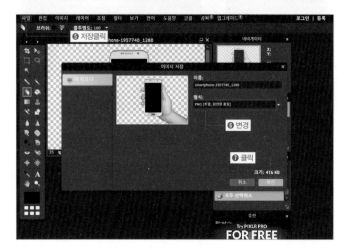

❺파일-저장을 선택 후 형식을 ❻PNG로 바꾼 후, ❼확인을 클릭하여 저장합니다.

💧 온라인 서비스 이용하기

웹사이트에 이미지를 업로드하면, 바로 배경을 지워주는 곳이 있습니다. 그 중에서 회원가입만 하면 무료로 배경을 지워 다운로드까지 할 수 있는 백그라운드버너를 소개합니다.

온라인 서비스 이용하기 : 백그라운드버너 burner.bonanza.com

백그라운드버너에서 배경지우기

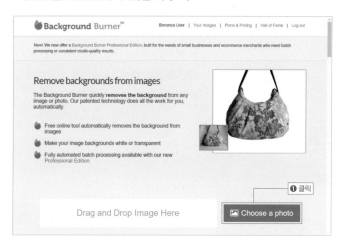

burner.bonanza.com에 접속한 후 ❶ Choose a photo를 클릭하여 이미지를 업로드합니다.

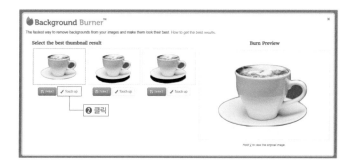

자동으로 이미지의 배경을 지워 줍니다. 원하는 상태를 고르고, 더 수정할 부분이 있으면, ❷Touch up을 클릭하여 수정합니다.

원본과 비교한 후, ❸Finish를 클릭하여 다운로드합니다.

● 망고보드 실험실 이용하기

망고보드 실험실에서도 원하는 배경을 쉽게 지울 수 있습니다.

사이트 주소 : www.mangoboard.net/MangoLaboratory.do

망고보드 실험실에서 배경지우기

망고보드 사이트(www.mangoboard.net)에 접속한 후, 오른쪽 상단의 ❶실험실 탭을 클릭합니다.

화면 하단의 ❷파일올리기를 클릭하여 준비된 파일을 올립니다.

❸지우개로 지우듯, 화면에서 원하는 부분을 지웁니다.

다 지운 후에는 ❹이미지 다운로드를 클릭하여 파일로 저장합니다.

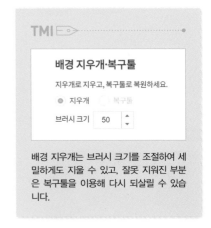

TMI

배경 지우개·복구툴

지우개로 지우고, 복구툴로 복원하세요.

◉ 지우개 　　 복구툴

브러시 크기 　50

배경 지우개는 브러시 크기를 조절하여 세밀하게도 지울 수 있고, 잘못 지워진 부분은 복구툴을 이용해 다시 되살릴 수 있습니다.

07 SNS콘텐츠를
눈에 띄게 하는 색

색은 우리의 5가지 감각 중 가장 먼저, 가장 오래, 가장 자극적으로 콘텐츠의 내용을 전달합니다. 콘텐츠의 컬러는 내용과 의미를 전달하면서도 호감을 끌어야 하죠. 콘텐츠 디자인을 기획할 때 색을 먼저 정하면 보다 쉽게 디자인 방향을 구축할 수 있습니다.

● 콘셉트와 어울리는 색 찾기

'컬러 감각'이란 배색을 조화롭게 만들고, 원하는 느낌을 컬러로 표현하는 실력입니다. 하지만, 경력이 많은 디자이너도 색을 정하는 건 쉽지 않습니다. 색을 선택할 때는 다음의 체크 리스트에 있는 메인 컬러, 서브 컬러, 포인트 컬러 등 필요한 색의 목록을 만들고, 각각의 색이 내포하고 있는 의미와 전체 분위기의 기준을 먼저 세운 후에 정합니다.

컬러 기획을 위한 체크 리스트

포지션	컬러	선정 이유
메인 컬러(주조색)		
서브 컬러(보조색)		
포인트 컬러(강조색)		
그 외 컬러		

출처 : 좋아 보이는 디자인의 비밀, 컬러

컬러를 기획할 때 디자이너는 기분 좋은, 명랑한, 밝은 분위기를 먼저 생각했을 것입니다. 그리고, 보색 관계의 다크블루 컬러를 서브 컬러로 넣어 주제를 강조합니다.

포지션	컬러	선정 이유
메인 컬러(주조색)	옐로우	기분 좋은, 밝은 분위기 연출
서브 컬러(보조색)	블루	보색대비로 강조
포인트 컬러(강조색)	스카이블루	보색과 같은 계통으로 조화
그 외 컬러	화이트	답답하지 않도록 여백의 미

형용사로 표현해 보는 컬러

도회적이다. 세련되다. 지적이다	
상쾌하다. 청명하다. 건강하다.	
발랄하다. 경쾌하다. 화사하다	

먼저 색을 정하기 전에 어떤 느낌을 표현할 것인지 이미지에 어울리는 형용사를 생각해 보세요. 그 느낌에 떠오르는 색을 찾습니다.

색이 상징하는 의미

색이 갖고 있는 다의적 의미

긍정적 의미	컬러	부정적 의미
열정, 태양, 젊음		정지, 불안, 피, 불
활기, 유쾌, 만족		금지, 저조, 위험
희망, 접근, 소통		나약함, 신경질, 주의
피로회복, 위안, 안정		구급, 초기, 여린, 모호한
안식, 미래, 진정		우울, 마취, 차가움, 하락
신비, 숭고, 점잖은		공포, 침울, 냉철
창조, 우아한, 애정		추함, 위엄, 슬픔

색은 한 가지 의미만을 가지고 있진 않습니다. 빨간색을 보더라도 젊음, 열정, 사랑, 상한가 등의 긍정적인 의미도 있지만, 위험, 불안, 피와 같은 부정적인 의미도 있습니다. 색이 가지고 있는 의미를 잘 이해하고 선택해야 합니다.

출처 : 회사에서 자주 쓰는 인포그래픽 패턴

관계를 가진 컬러

우리가 흔히 보는 색상환은 다음과 같이 구성되어 있습니다. 둥근 원으로 대표색을 배열하여 각 색의 관계를 보여줍니다. 유사색은 그 색의 주변색, 보색은 그 색과 반대편에 있는 색을 말합니다. 또 색은 명도와 채도에 따라 다양한 느낌을 연출합니다. 색의 밝기를 나타내는 명도와 색의 맑고, 탁함, 순수한 정도를 나타내는 채도를 조절하여 어울리는 색을 선택합니다.

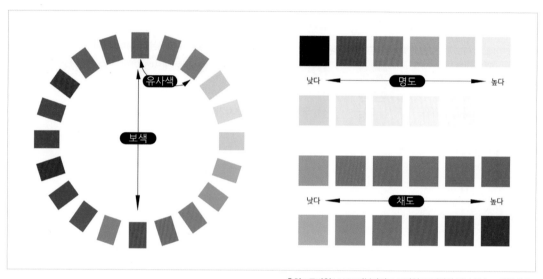

출처 : 모바일 UI UX 기본가이드 모바일 UI 디자인 기본 요소 – 색채 Color

● 색의 두가지 표현 RGB와 HEX

RGB	HEX
RGB(0~255,0~255,0~255) 16,777,216 가지 색상	HEX (#FF8000) 16진수 표현법

Color	RGB	HEX
	RGB(0,0,0)	#000000
	RGB(255,0,0)	#FF0000
	RGB(0,255,0)	#00FF00
	RGB(0,0,255)	#0000FF
	RGB(255,255,0)	#FFFF00
	RGB(0,255,255)	#00FFFF
	RGB(255,0,0)	#FF00FF
	RGB(192,192,192)	#C0C0C0
	RGB(255,255,255)	#FFFFFF

디지털에서 색을 표현하는 방식 중 가장 많이 사용하는 것은 RGB입니다. RGB는 색의 삼원색인 R(red), G(green), B(blue)를 나열하여 만든 색상값입니다. 하나의 색은 256가지로 세 가지 색을 모두 조합하면, 16,777,216가지 색상을 RGB로 표현할 수 있습니다. 하지만, 웹에서는 256을 16진수로 표현하여 3자리가 아닌 두 자리씩 도합 6자리로 간략하게 표현하는 HEX 표기값을 더 많이 씁니다. HEX값으로 표현하는 컬러 표기방법을 알게 되면 우리가 원하는 색을 더 빠르게 얻을 수 있습니다.

🔵 색상 추출 프로그램

디자인 작업 시, 컬러의 정보를 알려주기도 하지만, 대부분은 직접 찾아야 합니다. 모니터 상의 이미지에서 컬러값을 찾기 위해 컬러 추출 프로그램을 많이 사용합니다. 그중 가장 간단하고 기능이 뛰어난 'COLORCOP'을 검색창에서 검색해 보세요. 'COLORCOP'은 무료 프로그램으로 누구나 자유롭게 사용할 수 있습니다.

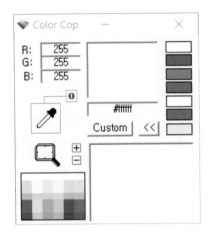

COLORCOP으로 색 찾기

COLORCOP을 실행하면 다음과 같은 창이 나타납니다.

❶의 스포이드를 마우스로 끌어 모니터의 원하는 곳에 가져가면 그 위치의 색상값을 RGB와 HEX값으로 나타내 줍니다.

단, 모니터에 따라 오차가 있을 수 있습니다.

🔵 좋은 색 조합 만들기

같은 계통의 컬러 조합

동일 계통의 컬러는 차분하면서, 안정적인 느낌을 줍니다. 콘텐츠의 의미와 어울리는 메인 컬러(주조색)를 정하고, 채도와 명도를 조절하여 같은 계통의 컬러를 정합니다.

대비가 강한 컬러 조합

강한 대비는 콘텐츠를 눈에 띄게 하는데 효과적입니다. 보색대비, 명암대비, 채도대비의 컬러 조합을 많이 활용합니다.

유사 컬러 조합

색상환에서 이웃해 있는 색을 유사색이라고 합니다. 유사색을 사용하면, 눈에 잘 띄면서도 잘 어울리는 콘텐츠를 완성할 수 있습니다.

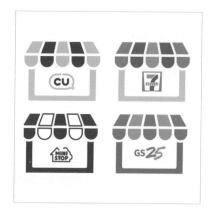

브랜드 컬러 조합

로고의 컬러, 브랜드의 컬러를 사용하면 컬러만으로도 브랜드를 쉽게 인식시킬 수 있습니다.

이미지 컬러 조합

이미지에서 색을 추출하여 사용하면 보다 자연스러운 표현을 완성할 수 있습니다.

컬러 추천 사이트 도움 받기

팔레툰닷컴에서 컬러 추천받기 www.paletton.com

팔레툰닷컴에서는 다양한 조합의 컬러를 쉽게 찾을 수 있습니다. 색상환에서 주컬러를 선택하고, 명도와 채도를 조절할 수 있습니다. 컬러는 단색, 유사색, 유사보색, 보색, 프리스타일 등 컬러의 조합을 원하는 대로 선택할 수 있습니다.
사분면으로 나뉜 컬러 창에 추천 컬러가 나타나고, 색마다 동일 계열의 컬러도 추천합니다. 원하는 컬러를 클릭하면, HEX 컬러값 위 컬러에 관한 많은 정보를 확인할 수 있습니다.

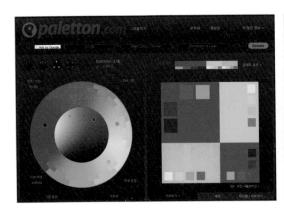

컬러파브스닷컴에서 컬러 추천받기 www.colorfavs.com

컬러파브스닷컴에서 원하는 컬러를 선택하면 보완적인 색, 삼인조 색, 테트라드(4분면)색, 유사색의 색 구성표와 그라데이션 색 조합, 관련 팔레트 등의 좋은 컬러 조합을 추천받을 수 있습니다. 원하는 컬러에 마우스를 올리면, HEX 컬러값이 나타납니다.

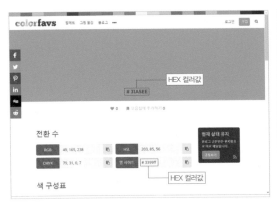

컬러헌트에서 컬러 추천받기 colorhunt.co

컬러헌트에서는 트렌드에 잘 어울리는 컬러의 조합을 계속 추천합니다. 원하는 컬러 팔레트를 클릭하면 컬러를 넓게 확인할 수 있습니다. 마우스를 원하는 컬러 위에 올려 놓으면 HEX 컬러값이 나타납니다.

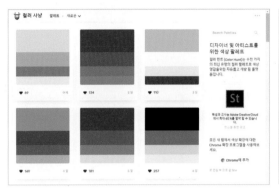

인쇄 시 필요한 색 CMYK

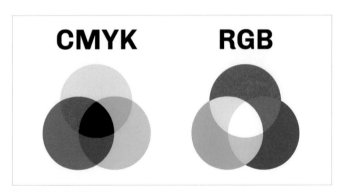

출처 : 네이버 지식백과
이미지 출처 : plumgroveinc.com

CMYK는 C(시안), M(마젠타), Y(노랑), K(검정)의 4색을 조합해서 정의한 색으로 인쇄할 때는 CMYK의 요소를 4개의 편판으로 분해해 컬러 인쇄판을 만듭니다. 화면으로 볼 때와 실제 프린트된 색상은 다르기 때문에 인쇄를 목적으로 한다면, CMYK로 작업을 하는 게 좋습니다.

Chapter 2
망고보드 기능
꼼꼼하게
알아보기

망고보드는 익숙한 UI로 구성되어 있어서 누구나 쉽게 배우고, 활용할 수 있습니다. 하나하나의 옵션, 상황에 맞는 기능을 찾지 못해 막히거나, 답답했던 적이 있을 것입니다. 2장에서는 망고보드의 각 기능을 상황에 맞게 사용하는 방법과 옵션을 하나하나 짚어가며 소개합니다. 도움이 되는 팁을 더하였으므로 망고보드의 전체 기능을 쉽게 이해하고, 활용할 수 있습니다.

CONTENTS

MANGC board

01 망고보드 시작해 볼까요?

자 그럼, 본격적으로 망고보드를 시작해 볼까요?
망고보드의 회원가입과 로그인 후 작업 시작까지 차근차근 알아봅니다.

지금 바로 망고보드 가입하기

망고보드 회원의 종류

망고보드는 온라인에서 작업하는 디자인 플랫폼이므로 사이트에서 회원 가입을 해야 합니다.

워터마크가 있는 콘텐츠

www.mangoboard.net

회원의 종류는 무료 사용자 / 학생 사용자 / 일반 사용자 / 프로 사용자 이렇게 4가지가 있습니다.

망고보드 사용이 처음이라면 무료 사용자로 가입하면 됩니다. 망고보드 대부분의 기능은 무료 사용자도 동일하게 사용할 수 있습니다. 다만, 저장 템플릿의 수와 유료 이미지, 폰트인 경우 워터마크가 적용, 다운로드 여부, 다운로드 개수 등의 차이가 있습니다.

처음부터 유료 사용자로 비용을 들일 필요는 없습니다. 먼저 무료 사용자로 가입하여 사용해 본 후에 만족스런 콘텐츠를 완성한다면 그때 유료 사용자로 업그레이드 하면 됩니다. 그리고 업그레이드 하는 순간 그동안 작업했던 모든 콘텐츠에서 워터마크가 사라지는 마술을 경험하게 될 것입니다.

워터마크가 사라진 콘텐츠

망고보드 무료 계정 가입하기

망고보드에 회원가입을 하려면, 바로 확인할 수 있는 이메일 계정만 있으면 됩니다.

이메일 및 기본정보를 입력한 후, 인증메일을 확인하고, 가입이 완료되면 로그인하고, 바로 망고보드를 사용하면 됩니다.

회원가입 시 입력할 기본정보는 다음과 같습니다.

입력해야 할 기본정보

이메일주소

비밀번호

닉네임

성별

연령대

직종

가입경로

사용용도

TIP 단체 아이디 만들기

생성된 단체 아이디 : mango1~30

단체 아이디는 관리자가 모두 통합 관리할 수 있습니다.

학교 또는 기관에서 단체로 망고보드 가입을 해야 할 경우 망고보드 1:1게시판에 관리자가 다음과 같이 요청하면 바로 단체 아이디를 만들 수 있습니다. 학생들 단체 수업 시 많이 활용하고 있습니다.

단체 가입 시 제공할 정보

담당자 이름 : 홍망고

담당자 이메일 주소 : mango@naver.com

담당자 연락처 : 01023456789

아이디 패턴 : mango

인원수 : 30

망고보드 계정 업그레이드하기

망고보드를 써보신 후 더 높은 계정이 필요하다면 망고보드 홈페이지의 요금제에서 바로 업그레이드할 수 있습니다. 망고보드 요금제는 홈화면에서 상단의 요금제/저작권을 클릭하면 확인할 수 있습니다.

요금별 제공기능	무료사용자	학생 초·고등학생 대학생, 대학원생	일반 업무용 사용자 학생 및 개인 사용자	프로 고급·대용량 사용자 기업·공공기관
ⓘ 사용 가능한 템플릿	All(신규30일자면)	All	All	All
ⓘ 작업저장 개수	5개	50개	무제한	무제한
ⓘ 이미지업로드 용량	10 MB	200 MB	1 GB	10 GB
ⓘ 슬라이드 크기 변경	불가	가능	가능	가능
ⓘ 유료 디자인 요소 워터마크	⊘	없음(프로폰트 제외)	없음(프로폰트 제외)	없음
ⓘ 망고보드 출처 표기	⊘	없음	없음	없음
ⓘ 작업물 다운로드 · 일반 이미지	⊘	⊘	⊘	⊘
· 고해상도 이미지		⊘	⊘	⊘
· PDF(이미지)		⊘	⊘	⊘
· PDF(인쇄용) ❶				
ⓘ 동영상(MP4) 일발다운로드 횟수		2회	4회	8회
ⓘ Dynamic(GIF/MP4) 일발다운로드 횟수	2회	5회	7회	10회
ⓘ 사용자 템플릿 보내기/받기				⊘
ⓘ 보유폰트 업로드 : 유료 프로폰트 48종 추가				⊘
ⓘ 기타 (SVG 이미지 업로드, 맞춤 팔레트 등록)				⊘

망고보드 무료 사용자

망고보드 무료 사용자의 가장 큰 특징은 유료 디자인 요소에 워터마크가 나타나고, 작업저장 개수가 5개로 제한이 있다는 점입니다. 그 외 이미지를 업로드 할 수 있는 용량과 저장에 제한이 있습니다.

망고보드 학생 사용자

학생 사용자는 학생들을 위한 계정으로 저렴한 비용으로 자유롭게 사용할 수 있습니다. 단 상업용으로 사용은 제한되어 있습니다. 과제, 공모전 등을 위한 작업을 완성할 수 있습니다. 결제는 1주일, 1개월, 3개월 단위로 결제할 수 있습니다.

망고보드 일반 사용자

일반 사용자는 가장 많이 사용하는 계정으로 개인 사용자를 말합니다. 모든 기능(프로 폰트 제외)을 사용할 수 있고, 무제한 작업할 수 있는 가성비가 가장 높은 계정입니다. 결제는 1주일, 1개월, 3개월, 1년 단위로 결제할 수 있습니다.

망고보드 프로 사용자

프로 사용자는 기업과 공공기관을 위한 계정입니다. 기업의 로고, 폰트, 컬러를 등록 및 저장하여 브랜드 디자인 포맷을 구축할 수 있습니다. 이미지 업로드 용량을 10GB까지 지원하며 '프로'사용자 간에는 쉽게 협업할 수 있는 '템플릿 보내기/받기'가 가능하여 효율적으로 작업할 수 있습니다. 프로 사용자만이 사용할 수 있는 유료 폰트를 추가로 제공하며, 그 외로 폰트 및 SVG 업로드 기능을 통해 회사/공공기관/개인이 보유하고 있는 글꼴과 SVG로 된 아이콘이나 로고를 업로드하여 사용할 수 있고, 회사 고유색상 및 자주 쓰는 색상들을 맞춤 팔레트로 등록하여 손쉽게 사용할 수 있도록 지원합니다. 결제는 1개월, 3개월, 1년 단위로 결제할 수 있습니다.

📍 참 쉬운 망고보드 시작 방법

[START]에서 시작하기

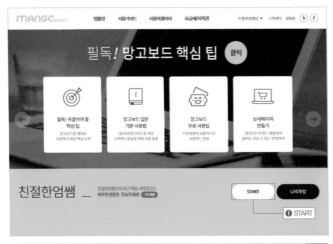

망고보드에 로그인하면 다음과 같은 홈화면이 나타납니다.

하단의 ❶START버튼을 클릭하면, ❷망고보드 편집창이 나타납니다. 새로운 슬라이드에서 원하는 사이즈를 조절하고, 디자인 요소들을 불러와 작업할 수 있습니다.

[START]에서 시작하기

[템플릿]으로 시작하기

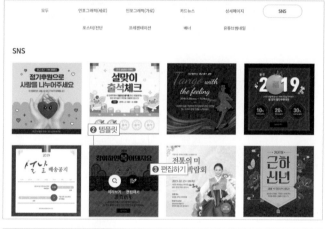

망고보드 첫 화면의 ❶템플릿을 클릭하면 망고보드의 모든 템플릿이 나타납니다. 다양한 템플릿을 보고 원하는 템플릿 위에 마우스를 올려보면, ❷템플릿 미리보기와 편집하기가 나타납니다. ❸편집하기 버튼을 클릭하면 바로 망고보드 편집창으로 들어가 바로 작업을 할 수 있습니다.

[템플릿]에서 시작하기

02
익숙해져야 할
망고보드 주요 메뉴

망고보드의 편집창은 다음과 같이 크게 세 부분의 메뉴로 구성되어 있습니다.
망고보드의 편집 화면의 구성과 그 기능을 소개합니다.

심플한 망고보드 편집 화면

❶ **파일메뉴** : 파일 | 다운로드 | 공유 | 제목입력하기 | 되돌리기/다시실행 | 저장하기 | 작업내역 | 나의계정 | 도움말

❷ **기능탭** : 검색 | 템플릿 | 그래픽 | 텍스트 | 배경 | 차트/지도/표/YouTube | 이미지·폰트올리기 | 즐겨찾기

❸ **슬라이드** : 확대축소 | 크기설정 | 안내선 | 슬라이드 번호 | 슬라이드 이동 | 슬라이드 복사 | 새 슬라이드 |
　　　　　　　 슬라이드 삭제

💬 기억해 두어야 할 파일메뉴

파일메뉴는 제작한 콘텐츠의 저장, 관리, 공유, 제목, 저장하기, 작업내역, 계정관리 등의 기능이 있습니다.

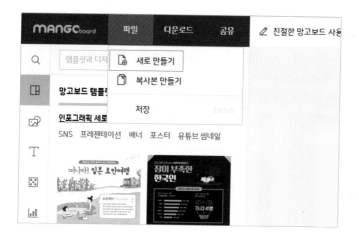

새로 만들기

파일메뉴 중 새로 만들기는 현재 작업하는 창을 그대로 두고, 새로운 창에서 망고보드를 작업할 수 있도록 합니다.

TIP [새로 만들기]가 작동되지 않을 경우

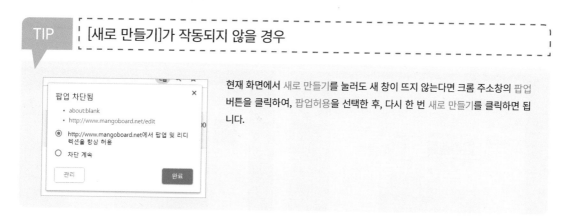

현재 화면에서 새로 만들기를 눌러도 새 창이 뜨지 않는다면 크롬 주소창의 팝업 버튼을 클릭하여, 팝업허용을 선택한 후, 다시 한 번 새로 만들기를 클릭하면 됩니다.

복사본 만들기

현재 작업하는 콘텐츠는 그대로 두고, 같은 내용이 복사되어 새로운 템플릿이 만들어집니다.

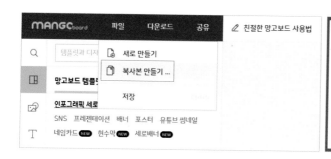
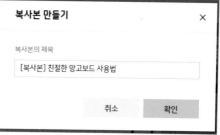

다운로드

완성된 콘텐츠를 파일로 저장하는 기능입니다. 저장하는 파일의 종류는 크게 이미지 / 영상 / 다이나믹 이렇게 세 가지입니다. 이미지는 PNG, JPG, PDF로 저장할 수 있고, 영상은 MP4형식의 동영상으로 저장할 수 있습니다. 다이나믹은 GIF 애니메이션으로 이미지에 움직임을 넣어 저장할 수 있는 파일 형식입니다.

이미지로 저장할 경우 크기를 현 사이즈에서 2배까지 확장하여 저장하거나, 여러 장의 슬라이드일 경우 전체 슬라이드를 압축하여 하나의 파일로 또는 원하는 슬라이드 한 장씩 따로 저장할 수 있습니다. 상세페이지 제작을 위해 여러 장의 이미지를 한 장의 이미지로 합칠 수 있는 기능도 제공합니다.

이미지 다운로드

PDF 다운로드

동영상 다운로드

다이나믹 (GIF애니메이션) 다운로드

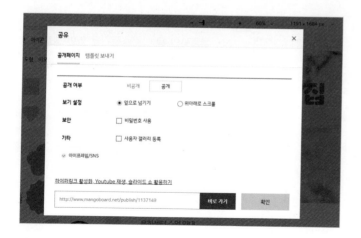

공유

망고보드의 완성된 콘텐츠를 웹 상에 공유하는 기능입니다. 파일로 전송하지 않고, 링크를 통해 다양한 SNS에 공유할 수 있습니다. 또, 온라인에서 프레젠테이션을 가능하게 합니다. 망고보드의 기능 중, 디자인 요소에 하이퍼링크를 연결하는 기능을 이용하여, 클릭을 통해 다른 웹 사이트를 연결할 수 있습니다.

템플릿 보내고 받기

작업한 템플릿을 다른 회원에게도 보내는 기능입니다. 디자인 콘텐츠의 스타일, 레이아웃 등이 정해져 있을 때 반복 작업을 줄여 주는 유용한 기능입니다. 사용자들이 서로 간에 템플릿을 공유할 수 있기 때문에, 큰 기업 또는 여러 사용자가 있는 곳일 경우 매우 유용합니다. 단, 프로회원 간에만 지원됩니다.

템플릿 보내기

템플릿 보내기를 선택한 후 ❶받을 사람의 망고보드ID를 입력한 후, ❷보내기를 클릭하면 됩니다.

템플릿 받기

템플릿의 ❶받은 템플릿을 열면 템플릿이 도착한 것을 확인할 수 있습니다. ❷받은 템플릿을 클릭하여 일반 템플릿과 동일하게 편집 사용할 수 있습니다.

🔵 간단하게 제목 저장하기

콘텐츠의 제목을 입력하려면, 상단의 ❶제목을 입력하세요를 클릭하여 원하는 제목을 입력한 후 ❷저장하기를 누르세요. 그럼 현재 작업하고 있는 템플릿의 제목이 바뀝니다.

단축키 ▸ Ctrl + S

같은 방법으로 언제든지 작업 중인 콘텐츠의 제목을 바꿀 수 있습니다.

되돌리기 / 다시 실행

❶되돌리기는 방금 작업한 것을 취소하여 이전 상태로 되돌릴 수 있습니다.

단축키 ▸ Ctrl + Z

❷다시 실행은 방금 취소했던 작업을 다시 실행시킬 수 있는 기능입니다.

단축키 ▸ Ctrl + Y

작업 내역

저장하기를 클릭하여 저장한 경우   작업 중 자동 저장된 경우

작업 내용을 기록해 두고, 이전 작업 상태로 돌아갈 수 있는 기능입니다. 작업 내역을 클릭 후, 원하는 기록을 클릭하면 그 작업 상황으로 돌아가게 됩니다.

저장하기를 클릭하여 저장한 경우에는 다음과 같이 ❶미리보기 이미지가 나타나고, 작업 중 자동저장 된 내역은 ❷미리보기 이미지가 없이 저장됩니다.

이 미리보기 이미지로 작업내용을 확인하며 이전 상태로 되돌릴 수 있습니다.

● 모든 디자인 요소가 들어 있는 기능탭

기능탭에서는 망고보드에서 사용할 수 있는 모든 디자인 요소들이 종류별로 들어 있습니다.

자세한 사용법은 각 챕터에서 설명합니다

Q	**검색**	키워드로 검색하여 원하는 디자인 요소를 빠르게 찾을 수 있도록 도와줍니다.
	템플릿	전문 디자이너들이 제작한 디자인 샘플들이 인포그래픽 가로/세로, 카드뉴스, 상세 페이지, SNS, 포스터, 프레젠테이션, 배너, 유튜브 썸네일 8가지의 카테고리로 분류되어 있습니다. 모두 편집이 가능하여 내용에 맞게 수정할 수 있습니다.
	그래픽	디자인에 활용할 수 있는 사진, 도형, 선, 아이콘, 이미지 프레임, 차트도형, 지도도형 7가지 종류의 그래픽 요소들이 제공됩니다.
T	**텍스트**	3가지 스타일의 일반 텍스트와 디자인과 결합된 디자인 텍스트, 캘리그라피(폰트+조합형)를 활용할 수 있습니다.
	배경	단색 배경과 패턴 배경을 슬라이드에 적용할 수 있습니다. 패턴과 색을 결합하여 활용할 수도 있습니다.
	차트, 지도, 표, YouTube	데이터를 넣을 수 있는 디자인 차트와 지도, 표를 구성할 수 있고, 유튜브의 동영상을 슬라이드에 추가할 수 있습니다.
⬆	**이미지·폰트 올리기**	개인이 보유하고 있는 사진과 폰트를 업로드하여 슬라이드에 추가할 수 있도록 합니다. 업로드 공간은 회원 계정별로 차이가 있습니다.
☆	**즐겨찾기**	자주 쓰는 디자인 요소를 즐겨찾기에 등록하여 빠르게 찾을 수 있습니다.

● 모든 작업이 이뤄지는 슬라이드

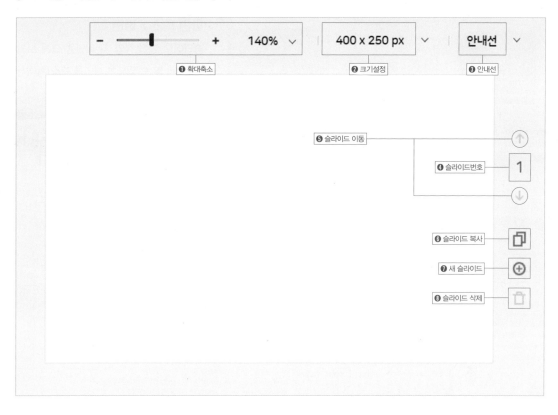

❶확대축소 : 슬라이드 화면을 작업하기 좋은 상태로 확대/축소할 수 있는 기능입니다. +/− 버튼으로 미세하게 조절할 수도 있고, 비율로 단계별로 조절할 수도 있습니다. 확대 `단축키` ▶ `Alt` + `+`, 축소 `단축키` ▶ `Alt` + `−`

❷크기설정 : 작업하고자 하는 슬라이드의 크기를 설정할 수 있습니다. 크기를 직접 입력할 수 있고, 설정된 콘텐츠 크기를 선택할 수 있습니다.

❸안내선 : 망고보드의 자동 안내선과 필요한 안내선을 직접 정할 수 있습니다.

❹슬라이드 번호 : 현재 작업하는 슬라이드의 번호를 보여줍니다.

❺슬라이드 이동 : 여러 장의 슬라이드일 경우, 슬라이드 위/아래로 이동하여 순서를 바꿀 수 있습니다.

❻슬라이드 복사 : 현재 작업하는 슬라이드를 그대로 다음 슬라이드에 복사할 수 있습니다.

❼새 슬라이드 : 현재 작업하는 슬라이드 밑에 빈 슬라이드를 추가할 수 있습니다.

❽슬라이드 삭제 : 작업하고 있는 슬라이드를 삭제할 수 있습니다.

● 확대하거나, 축소하거나

화면 60%인 경우   화면 20%인 경우   화면 140%인 경우

화면 축소 / 화면 확대

슬라이드 편집 작업 시 화면을 크게 보거나, 작게 볼 수 있도록 화면을 축소/확대하는 기능입니다.

줌 조절 바를 이동하여 화면 확대/축소를 할 수도 있고, 화면 비율 옆의 화살표를 눌러 화면 비율을 선택할 수도 있습니다.

● 자동안내선으로 바로 줄맞추기

 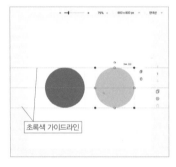 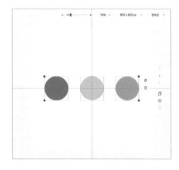

슬라이드 가운데 맞추기

디자인 요소 하나를 선택한 후 슬라이드 안에서 움직이면 화면의 보라색 가이드라인이 나타납니다.

보라색 가이드라인은 가로, 세로 두 가지로 나타나고, 슬라이드의 가운데라는 표시입니다.

선택한 디자인 요소를 슬라이드 가운데 위치하고자 할 때 가장 빠르게 적용할 수 있는 방법입니다.

가이드라인으로 디자인 요소 정렬하기

여러 개의 디자인 요소 중, 하나를 선택한 후 슬라이드 안에서 움직이면 초록색 가이드라인이 나타납니다.

초록색 가이드라인은 이웃해 있는 디자인 요소와 가로, 세로, 위, 아래, 중앙정렬을 표시합니다.

크기가 다른 디자인 요소들도 정확하게 간격을 맞춥니다.

여러 개의 디자인 요소를 한 번에 가운데 정렬하기

여러 개의 디자인 요소를 한 번에 드래그하여 선택한 후, 슬라이드 안에서 움직이면 보라색 가이드라인이 나타납니다.

보라색 가이드라인은 슬라이드의 가로, 세로 중앙정렬을 표시합니다.

● 칼 같은 정렬을 도와주는 안내선

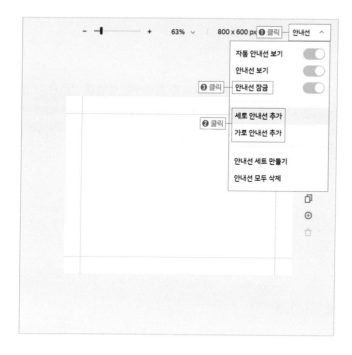

안내선 설정하기

슬라이드 오른쪽 상단 ❶안내선 클릭 후, ❷가로/세로 안내선 추가를 클릭하면 슬라이드 중심에 하늘색 안내선이 나타납니다. 마우스로 위치를 조절한 후, ❸안내선 잠금을 클릭하여 안내선을 고정한 후 작업을 진행합니다.

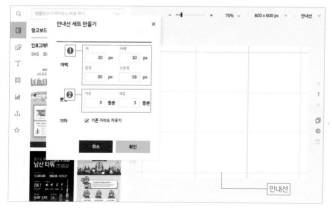

안내선 세트 만들기

안내선의 안내선 세트 만들기 클릭하면 다음 창이 나타납니다.

❶여백에서 위, 아래, 오른쪽, 왼쪽 4방의 여백을 넣으면 해당 수치만큼 떨어진 안내선이 자동으로 추가됩니다.

❷분할도 가로와 세로의 화면 분할 안내선을 추가합니다.

정렬된 콘텐츠를 만들 때 매우 유용한 기능입니다. 안내선은 템플릿 안에서 동일하게 적용됩니다.

03 가장 기본인 망고보드 편집기능

슬라이드에 추가된 디자인 요소 중 원하는 디자인 요소를 선택하는 방법과 선택된 디자인 요소를 적용할 수 있는 기본 편집기능에 대해 알아봅니다. 기본 편집기능에는 디자인 요소의 정렬, 순서, 그룹, 잠금 기능들이 있습니다.

원하는 디자인 요소 콕 집어 선택하기

디자인 요소 선택하기

슬라이드에서 원하는 디자인 요소를 마우스로 클릭하면 선택됩니다.

마우스로 클릭하여
여러 디자인 요소 선택하기

여러 개의 디자인 요소를 선택하려면, 키보드의 Shift 를
누르고 마우스로 하나하나 클릭하면 선택 추가됩니다.

마우스로 드래그하여
여러 디자인 요소 선택하기

슬라이드의 원하는 부분을 마우스로 드래그하면 사각영
역이 만들어집니다. 그 사각형 안에 있거나, 걸쳐진 모든
디자인 요소가 선택됩니다.

선택 취소하기

선택된 디자인 요소들 중, 일부분만 선택 취소하려면, 키
보드의 Shift 를 누르고 마우스로 클릭하면 선택취소가
됩니다.

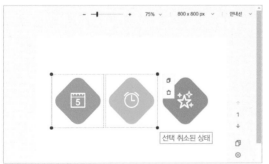

그룹설정하기

그룹기능은 여러 디자인 요소를 하나로 묶어 놓는 기능입니다. 한번 클릭하면 그룹, 한 번 더 클릭하면 그룹해제가 됩니다.

그룹하기 [Ctrl] + [G]

그룹 해제하기 [Ctrl] + [Shift] + [G]

따로 분리되어 있는 여러 디자인 요소를 하나의 그룹으로 만들면 이동, 크기 조절, 정렬 등을 쉽게 할 수 있습니다.

TIP 여러 개의 디자인 요소 쉽게 선택하기

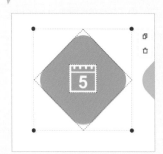

겹쳐 있는 여러 개의 디자인 요소

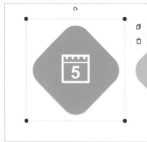

그룹화된 디자인 요소

여러 개의 디자인 요소가 겹쳐 있는 경우 선택하기 쉽지 않습니다. 이럴 경우, 한 부분씩 선택하여 그룹으로 묶어 놓으면 작업을 쉽게 할 수 있습니다.

앞뒤옆좌우 모든 정렬

슬라이드의 디자인 요소를 선택하면 왼쪽에 나타나는 디자인 요소 정렬기능입니다.

❶ 왼쪽정렬 `Ctrl` + `←`
선택한 디자인 요소를 왼쪽에 정렬하는 기능입니다.

❷ 가운데정렬 `Ctrl` + `Shift` + `↓`
선택한 디자인 요소를 가로 가운데에 정렬하는 기능입니다.

❸ 오른쪽정렬 `Ctrl` + `→`
선택한 디자인 요소를 오른쪽에 정렬하는 기능입니다.

❹ 아래정렬 `Ctrl` + `↓`
선택한 디자인 요소를 아래쪽에 정렬하는 기능입니다.

❺ 중간정렬 `Ctrl` + `Shift` + `↑`
선택한 디자인 요소를 세로 가운데에 정렬하는 기능입니다. .

❻ 위로정렬 `Ctrl` + `↑`
선택한 디자인 요소를 위쪽에 정렬하는 기능입니다.

❼ 세로간격동일하게
하나 이상의 선택한 디자인 요소를 세로 간격 동일하게 정렬하는 기능입니다.

❽ 가로간격동일하게
하나 이상의 선택한 디자인 요소를 가로 간격 동일하게 정렬하는 기능입니다.

❾ 가장위로 `Ctrl` + `Shift` + `]`
여러 개의 디자인 요소가 겹쳐 있을 경우, 선택한 디자인 요소를 가장 위로 올리는 기능입니다.

❿ 한칸위로 `Ctrl` + `]`
여러 개의 디자인 요소가 겹쳐 있을 경우, 선택한 디자인 요소를 한 칸 위로 올리는 기능입니다.

⓫ 한칸아래로 `Ctrl` + `[`
여러 개의 디자인 요소가 겹쳐 있을 경우, 선택한 디자인 요소를 한 칸 아래로 내리는 기능입니다.

⓬ 가장아래로 `Ctrl` + `Shift` + `[`
여러 개의 디자인 요소가 겹쳐 있을 경우, 선택한 디자인 요소를 가장 아래로 내리는 기능입니다.

⓭ 가로뒤집기
선택된 디자인 요소를 좌우로 뒤집는 기능입니다.

⓮ 세로뒤집기
선택된 디자인 요소를 위아래로 뒤집는 기능입니다.

디자인 요소 하나를 선택하면 슬라이드의 가장자리에 정렬하고, 하나 이상의 디자인 요소를 선택하면 선택된 디자인 요소를 기준으로 정렬합니다.

🌑 밑에 깔려있는 디자인 요소 살리기

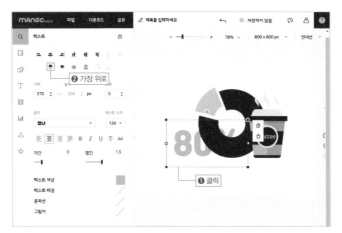

디자인 요소 순서 맞추기

디자인 요소가 겹쳐져 있을 때, 디자인 요소의 순서를 정렬할 수 있습니다.

먼저 입력하여 아래에 있는 ❶텍스트를 선택하고, ❷가장 위로를 클릭하면 그림처럼 정렬이 됩니다.

디자인 요소 정렬은 망고보드의 모든 디자인 요소에 적용되고, 여러 디자인 요소를 한 번에 실행할 수도 있습니다.

● 간격 정렬은 디테일의 완성

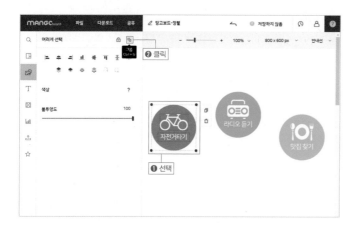

그룹으로 디자인 요소 간격 맞추기

다음과 같이 아이콘과 텍스트를 담은 도형을 일정한 간격으로 맞춰야 할 경우 그룹 기능으로 쉽게 맞출 수 있습니다.

❶하나 이상의 디자인 요소를 선택합니다.

❷그룹을 클릭하여 하나의 그룹으로 만듭니다. 다른 디자인 요소도 각각 그룹으로 만든 후, 그룹을 모두 선택합니다.

❸중간정렬을 클릭하여 가로선을 맞춥니다.

다시 한 번 ❹가로간격동일하게를 클릭하여 디자인 요소 간의 간격을 맞춥니다.

● 빠르고 정확하게 회전하기

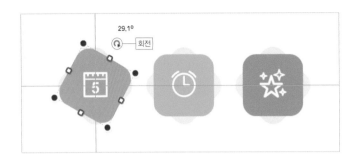

마우스로 회전하기

슬라이드의 디자인 요소를 클릭하면 위쪽에 회전버튼이 나타납니다. 회전버튼을 마우스로 움직여서 디자인 요소를 회전합니다.

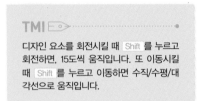

디자인 요소를 회전시킬 때 Shift 를 누르고 회전하면, 15도씩 움직입니다. 또 이동시킬 때 Shift 를 누르고 이동하면 수직/수평/대각선으로 움직입니다.

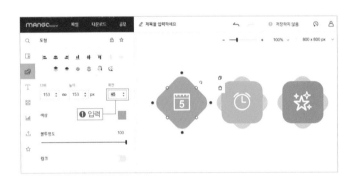

각도 입력하여 회전하기

슬라이드의 디자인 요소를 클릭하면 왼쪽 편집화면이 나타납니다.

❶회전칸에 원하는 회전 각도를 직접 입력하여 디자인 요소를 회전합니다.

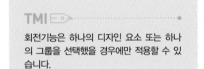

회전기능은 하나의 디자인 요소 또는 하나의 그룹을 선택했을 경우에만 적용할 수 있습니다.

TIP 디자인 요소 빠르게 복사하기

디자인 요소를 복사하려면 복사하기 Ctrl + C 를 한 후, 붙여넣기 Ctrl + V 를 하면 됩니다.
보다 빠르게 복사하려면, 디자인 요소를 선택하고, 키보드의 Ctrl 키를 누르고 마우스로 끌어서놓기(Drag & Drop)하면 바로 복사가 됩니다.

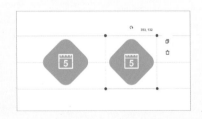

선택을 편리하게 하는 잠금 기능

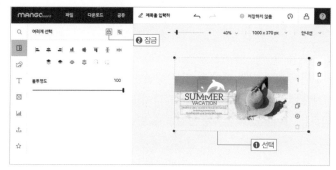

배경 이미지가 함께 선택됨

잠금 하기

배경 이미지를 넣거나 여러 디자인 요소가 겹쳐 있는 경우, 원하는 디자인 요소를 고정해 두어 선택을 편리하게 하는 기능입니다. 다음과 같이 배경 이미지가 같이 선택되어 번거로울 경우, ❶배경 이미지를 선택하여 ❷잠금 기능을 실행합니다. 그러면, 드래그하여 선택할 경우에도 배경 이미지는 선택되지 않습니다.

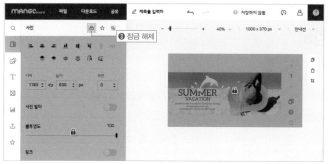

배경 잠금 설정

잠금 해제하기

잠금을 해제할 경우 잠겨있는 디자인 요소를 선택한 후, ❸잠금 해제를 클릭합니다.

잠금/해제 단축키 ▶ Alt + 2

04 망고보드 슬라이드 크기 변경하기

디자인 콘텐츠를 제작하기 위해 가장 먼저 해야 할 일은 채널에 맞는 콘텐츠의 사이즈를
조절하는 것입니다. 망고보드에서 기본으로 제공하는 슬라이드의 사이즈는 600*800입
니다. 기본 사이즈에서 원하는 사이즈로 자유롭게 조절할 수 있습니다.

● 내 맘대로 슬라이드 크기 변경하기

직접 슬라이드 크기 변경하기

슬라이드의 오른쪽 상단 ❶사이즈를 클릭합니다. ❷크기 직접 입력란에
원하는 가로 세로의 크기를 입력합니다.

❸확인을 클릭하면 현재 작업하고 있는 슬라이드의 사이즈가 변경됩니다.
망고보드의 모든 콘텐츠 사이즈는 픽셀(Pixel) 단위입니다.

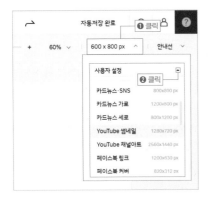

추천 사이즈로 바꾸기

❶사이즈를 클릭한 후, ❷사용자설정을 클릭하면 다음과 같은 콘텐츠별
추천 사이즈가 나타납니다. 원하는 콘텐츠 사이즈를 선택하고 확인을 클
릭하면 현재 작업하고 있는 슬라이드의 사이즈가 변경됩니다.

TIP 망고보드 디자인 콘텐츠 사이즈 목록

제목

A4(세로)	595x842
A4(가로)	842x595
A3(세로)	842x1191
A3(가로)	1191x842
A2(세로)	1191x1684
A2(가로)	1684x1191

망고보드의 디자인 콘텐츠의 종류는 새로운 콘텐츠에 맞춰 계속 추가됩니다.

제목

인포그래픽(가로)	1920x1080	포스터	1191x1684
인포그래픽(세로)	1080x1920	페이스북 링크	1200x630
카드뉴스 / SNS	800x800	페이스북 커버	820x312
카드뉴스(가로)	1200x800	페북/인스타 스토리	1080x1920
카드뉴스(세로)	800x1200	트위터 헤더	1500x500
YouTube 썸네일	1280x720	네이버 포스트	1200x720
YouTube 채널아트	2560x1440	네이버TV 썸네일	880x495
프레젠테이션	1280x960	현수막	2000*360
프레젠테이션 16:9	1920x1080	세로배너	1000*3000
배너	1000x370	네임카드/명함/쿠폰	800*445

밀리미터 단위로 크기 변경하기

인쇄물로 출력해야 하는 경우, 밀리미터 단위의 치수를 적용해야 하는 경우가 종종 있습니다. 망고보드의 크기변경의 단위를 클릭하면, 'px'와 'mm 밀리미터'를 선택하여 슬라이드 크기를 변경할 수 있습니다.

크기 변경 시 단위 변환하기

슬라이드의 오른쪽 상단 ❶을 클릭한 후, ❷단위의 더보기를 클릭합니다. ❸의 mm 밀리미터를 선택한 후 ❹확인을 클릭합니다. 다음과 같이 mm 밀리미터로 변환된 것을 확인할 수 있습니다.

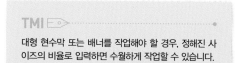

TMI 대형 현수막 또는 배너를 작업해야 할 경우, 정해진 사이즈의 비율로 입력하면 수월하게 작업할 수 있습니다.

A4 사이즈의 픽셀 단위

A4 사이즈의 밀리미터 단위

● 디자인 요소 함께 변경하기

사이즈와 함께
콘텐츠 크기 바꾸기

콘텐츠 크기 함께 변경옵션은 현재 작업 중인 콘텐츠를 다른 사이즈로 바꾸고자 할 경우 유용하게 사용할 수 있습니다.

사이즈를 직접 입력하거나, 템플릿 사이즈를 선택하고, ❶콘텐츠 크기 함께 변경을 선택한 한 후, ❷확인 클릭하면, 기존의 슬라이드에 있는 디자인 요소들이 수정된 사이즈에 맞게 자동 크기조절이 됩니다.

원본

콘텐츠 크기 함께 변경 옵션을 사용하지 않았을 경우와 사용했을 경우의 차이

[콘텐츠 크기 함께 변경]을 선택하지 않은 경우

[콘텐츠 크기 함께 변경]을 선택한 경우

슬라이드 크기가 바뀌어도 디자인 요소의 크기와 위치는 변하지 않습니다.

슬라이드 크기에 따라 디자인 요소를 자동으로 맞춰줍니다. 크기의 기준은 짧은 변이 기준이 됩니다.

[콘텐츠 크기 함께 변경] 잘 사용하기

콘텐츠 크기 함께 변경옵션은 크기에 맞춰 디자인 요소들이 자동으로 조절되는 매우 유용한 옵션입니다. 하지만, 현재 슬라이드 보다 가로, 세로의 비율이 너무 다르면 레이아웃이 많이 흐트러져서 수정해야 할 부분이 많아집니다. 다음의 기준을 참고하세요.

1. [콘텐츠 크기 함께 변경] 옵션을 사용하면 좋은 경우
현재 슬라이드의 가로, 세로 비율과 비슷한 사이즈로 변경할 경우 디자인 요소의 크기가 바뀐 슬라이드 크기에 맞춰 자동으로 조절됩니다.

2. [콘텐츠 크기 함께 변경] 옵션을 사용하면 안 좋은 경우
현재 슬라이드의 비율과 차이가 심할 경우 디자인 요소의 크기가 많이 달라지고, 엉켜버려 정렬하기 어렵습니다.

3. 현재 슬라이드에서 가로 또는 세로에 공간이 필요한 경우
한쪽의 여백이 필요한 경우 콘텐츠 크기 함께 변경을 사용하면 매우 편리합니다. 크기 확장과 축소는 왼쪽, 위쪽을 기준으로 변경됩니다.

05 망고보드 텍스트 입력하기

망고보드의 강점 중 제일은 텍스트를 자유롭게 디자인화 할 수 있는 부분입니다. 저작권이 자유로운 다양한 종류의 폰트를 제공하고, 텍스트 옵션으로 자유롭게 디자인에 적용할 수 있습니다. 망고보드는 세 가지의 텍스트 활용법을 제공합니다. 첫 번째는 자유롭게 텍스트를 입력하는 것이고, 두 번째는 디자인 텍스트를 이용하는 것, 세 번째는 캘리그라피 폰트를 이용하는 것입니다.

이렇게 다양한 텍스트 종류

제목 텍스트 추가
부제목 텍스트 추가
본문 텍스트 추가

일반 텍스트

조합형 캘리그라피 텍스트

디자인 텍스트

● 한번 클릭으로 텍스트 추가하기

기능탭의 ❶텍스트를 클릭합니다. ❷제목, 부제목, 본문 스타일 중 하나를 클릭하여 슬라이드에 텍스트 박스를 추가합니다. 슬라이드 안의 ❸텍스트 박스를 더블클릭하여 새로운 텍스트를 입력합니다.

● 텍스트 옵션만 써도 디자인 완성

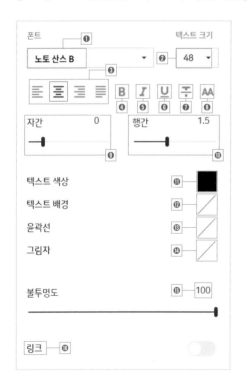

텍스트 옵션 종류

❶폰트

❷텍스트 크기

❸텍스트 정렬
　(왼쪽/가운데/오른쪽/양쪽)

❹굵기

❺기울임

❻밑줄

❼취소선

❽대문자 변환

❾자간

❿행간

⓫텍스트 색상

⓬텍스트 배경

⓭윤곽선

⓮그림자

⓯불투명도

⓰링크

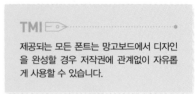

텍스트 옵션 사용법

❶폰트

제목 스타일의 기본 폰트는 "노트산스B"로 설정되어 있습니다. 아래로 드롭 다운하여 다른 폰트를 선택할 수 있습니다.

> TMI
>
> 제공되는 모든 폰트는 망고보드에서 디자인을 완성할 경우 저작권에 관계없이 자유롭게 사용할 수 있습니다.

❷텍스트 크기

텍스트의 크기는 지정된 값을 선택하여 크기를 조절하거나, 슬라이드에서 텍스트 선택한 후 크기조절점을 마우스로 드래그하여 크기를 조절할 수 있습니다.

❸텍스트 정렬
(왼쪽/가운데/오른쪽/양쪽)

텍스트 박스 안의 텍스트를 왼쪽, 가운데, 오른쪽 정렬을 맞춰 줍니다.

❹굵기

텍스트의 전체 또는 일부분에 두께를 두껍게 적용할 수 있습니다.

❺기울임

텍스트의 전체 또는 일부분에 기울임을 적용할 수 있습니다.

가을맞이 특별 할인

트렌치코트 ~~90만원~~ <u>50만원</u>

special guest

SPECIAL GUEST

망고보드디짜인

자간 -200

망고보드 디자인

자간 0

망고보드 디자인

자간 200

망고보드로 만드는
디자인콘텐츠

행간 1

망고보드로 만드는

디자인콘텐츠

행간 1.5

❻밑줄
선택한 텍스트에 밑줄을 그어 줍니다.

❼취소선
선택한 텍스트에 취소선을 긋습니다.

❽대문자 변환
소문자 영문을 대문자로 변환합니다.

❾자간
글자와 글자 사이의 간격을 조절합니다.
기준 값은 0이고, −200~900 사이의 값을
선택할 수 있습니다.

❿행간
글자의 행과 행 사이의 값을 조절합니다.
기준 값은 1.5이고, 0.5~3 사이의 값을 선
택할 수 있습니다.

⑪텍스트 색상

선택한 텍스트의 색을 바꿀 수 있습니다. 전체 또는 부분의 색을 바꿀 수 있습니다.

⑫텍스트 배경

선택한 텍스트의 배경색을 바꿀 수 있습니다.

⑬윤곽선

윤곽선 색상을 선택하면 자동으로 윤곽선 1이 적용됩니다. ❶의 값을 조절하여 윤곽선의 두께를 정합니다. 윤곽선의 두께는 0~4에서 선택할 수 있습니다. 윤곽선을 해제하려면 ❷해제를 클릭합니다.

⑭그림자

망고보드의 그림자는 그림자의 색과 그림자의 거리와 블러(번짐 정도), 불투명도를 조절하여 다양한 형태로 만들 수 있습니다. 불투명도는 0(완전불투명)의 두께는 0~4의 값에서 선택할 수 있습니다.

위 텍스트는 ❶텍스트 색상과 ❷윤곽선 색상, ❸그림자 색상을 정합니다. ❹윤곽선 두께는 2, 그림자 설정의 ❺가로거리 0, 세로거리 9, ❻블러 0, ❼그림자 불투명도 100으로 선택하여 완성하였습니다. 그림자를 해제하려면 ❽해제를 클릭합니다.

⑮불투명도

텍스트 불투명도는 텍스트 전체의 투명정
도를 정하는 값입니다. 0~100까지 선택할
수 있습니다.

다음의 텍스트는 불투명도 50을 적용하였
습니다.

⑯링크

디자인 요소에 하이퍼링크와 슬라이드 이
동을 설정할 수 있습니다. 망고보드에서
완성한 콘텐츠를 웹 상에서 공유할 경우에
만 활용할 수 있습니다.

● 폰트 쉽게 구분하기

최근 사용 폰트

종로삼거리

빙그레ⅡB

상상토끼꽃길

내 폰트

USRFONT_Goyang

USRFONT_HS겨울눈…

프로 전용 폰트

가로수

개구쟁이

겨울나무

겨울밤

겨울하늘

일반 폰트 - 한글

가비아 납작블럭

가비아 봄바람

가비아 솔미

강변북로

종로삼거리   ▲

최근 사용 폰트
가장 최근 사용한 폰트 3가지가 나타납니다.

내 폰트
개인이 가지고 있는 폰트를 업로드했을 때 나타납니다.
(프로계정에서만 가능)

프로 전용 폰트
프로계정에서만 사용가능한 폰트입니다.

일반 폰트
누구나 사용가능한 폰트입니다.

EXERCISE

카드뉴스 제목장 만들기

망고보드의 다양한 텍스트 옵션을 이용하여 카드뉴스 제목장을 만들어 봅니다.

SNS콘텐츠를 만들려고 하면 사진을 뭘 넣을까? 이미지를 어떻게 쓰지? 벌써부터 머릿속이 하얘지는데요. 고민하지 마세요! 망고보드와 함께라면 텍스트만으로도 얼마든지 시선을 끌 수 있는 콘텐츠를 손쉽게 완성할 수 있어요. 간결한 메시지와 간단한 서체를 사용해 어떻게 호소력 있는 콘텐츠를 만드는지 예제를 통해 연습해 보아요.

카드뉴스 제목장	
내용	당신의 개인정보는 안녕한가요?
컬러	블루와 옐로우
폰트	시네마극장
사이즈	800 * 800

카드뉴스 제목장 만들기

1. 사이즈 정하기

망고보드 편집 창에서 ❶크기설정을 클릭하여 ❷카드뉴스/SNS를 선택하고 ❸확인을 클릭합니다.

2. 텍스트 추가하기

제목 텍스트 추가를 클릭하여 텍스트를 나눠 입력합니다.

❶입력한 텍스트를 시네마극장 폰트로 바꾸고, ❷왼쪽정렬을 선택합니다.

3. 텍스트 레이아웃 맞추기

❶텍스트의 크기를 82로 키우고, ❷왼쪽 정렬/세로간격동일하게를 이용하여 텍스트를 정렬합니다. ❸?의 크기를 420 이상으로 키워서 화면과 같이 배치합니다.

4. 텍스트 색 바꾸기

슬라이드 안의 모든 텍스트를 드래그하여 선택한 후, ❶텍스트 색상을 클릭합니다. 기본 색상 팔레트의 여름 색상 중 다음의 ❷블루를 선택합니다.

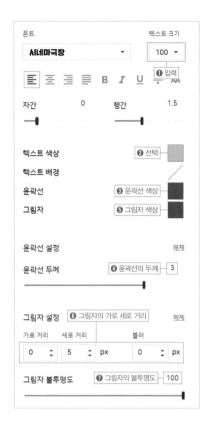

5. 텍스트 강조하기

'개인정보'를 선택하여 ❶텍스트의 크기를 100으로 키웁니다.

선택 창에 원하는 크기가 없을 경우는 텍스트 크기 란에 직접 입력할 수 있습니다.

❷텍스트의 색상을 기본 팔레트의 짙은 옐로우 색상으로 바꿉니다.

❸윤곽선의 색상을 클릭하여 처음 선택한 블루를 선택하고, ❹윤곽선의 두께는 3으로 조절합니다.

❺그림자의 색상은 윤곽선과 같은 색상으로 바꾸고, ❻그림자의 가로거리 0. 세로거리 5, 블러 0으로 선택합니다.

❼그림자의 불투명도를 100으로 조절하여 마무리합니다.

6. 완성하기

텍스트를 정렬하여 완성합니다.

http://www.mangoboard.net/publish/828965

06 망고보드
디자인 텍스트 사용하기

● 어마어마한 디자인 텍스트

망고보드 디자인 텍스트는 도형과 텍스트가 결합하여 하나의 디자인 콘텐츠를 완성한 것입니다. 망고보드는 다음과 같이 팝아트, 로맨틱 아트, 상업적인 스타일 등 그 외에도 다양한 스타일의 디자인 텍스트를 제공합니다. 디자인 텍스트의 요소들은 매주 업데이트됩니다.

🔵 맞춤형 디자인 텍스트의 비밀

디자인 텍스트의 특징

디자인 텍스트에 포함된 도형요소와 텍스트는 색과 내용, 폰트의 종류, 크기를 모두 수정하여 개인에게 맞는 형태로 완성할 수 있습니다.

[그룹 해제] 전   [그룹 해제] 후

디자인 텍스트의 구성

디자인 텍스트는 도형과 텍스트가 그룹으로 묶여 있어요. 디자인 텍스트를 선택한 후, 그룹 해제를 하면, 다음처럼 각각의 도형과 텍스트로 분리됩니다. 그룹 상태에서도 수정이 가능하지만 선택이 어려울 경우, 그룹을 해제한 후 편집할 수도 있습니다.

🔵 디자인 텍스트의 변신

디자인 텍스트 추가하기

❶의 디자인 텍스트를 클릭하여 슬라이드에 추가한 후, 크기조절점을 잡아 당겨 확대합니다.

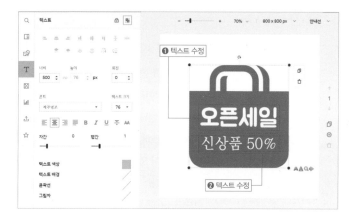

디자인 텍스트 수정하기

디자인 텍스트 가운데 부분을 더블클릭하여 파랗게 텍스트가 선택된 후, 새로운 텍스트를 입력합니다.

❶폰트는 배달의주아, 텍스트의 크기는 100을 직접 입력합니다.

❷의 텍스트도 바꾸고, 폰트는 제주명조로 바꿔줍니다.

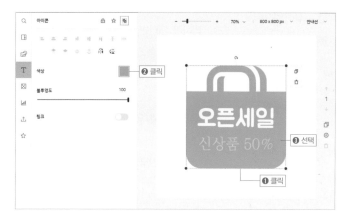

디자인 텍스트 색 변경하기

❶가방 부분을 클릭한 후, ❷의 색상 버튼을 클릭하여 원하는 색을 선택합니다.

❸의 텍스트도 다시 선택한 후, 색상 버튼을 클릭하여 가방과 어울리는 색을 선택합니다.

원본　　　　　　　　수정본

TIP ┊ 더 똑똑하게 디자인 텍스트 활용하기

디자인 텍스트를 그룹해제하면, 텍스트와 도형을 따로 편집할 수 있습니다. 색을 변경하고, 텍스트의 크기와 위치를 바꾼 후, 커피 이미지를 추가하면 다음의 형태로 변형할 수 있습니다.

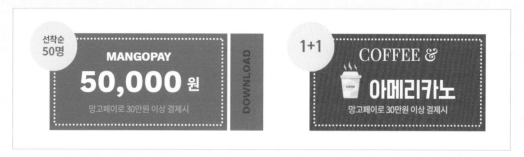

●.조합형 캘리그라피로 감성적으로 표현하기

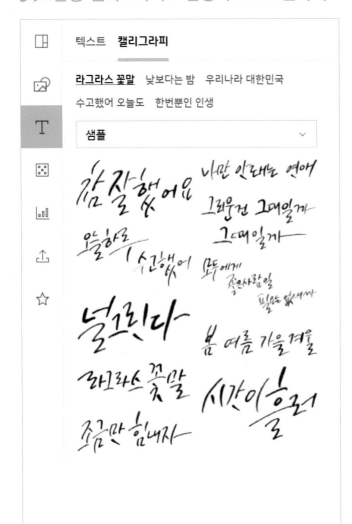

망고보드 조합형 캘리그라피 폰트

망고보드 조합형 캘리그라피는 자판입력형 폰트가 아니라, 자음과 모음을 결합하여 이미지 형태로 구성합니다.

하나의 폰트에 자음과 모음이 4가지 종류로 구성되어 있어서 원하는 글꼴을 완성할 수 있습니다.

현재(2019.02) 지원되는 조합형 캘리그라피는 〈한번뿐인 인생〉, 〈수고했어 오늘도〉, 〈우리나라 대한민국〉, 〈라그라스 꽃말〉, 〈낮보다는 밤〉 총 5가지로 앞으로 계속 추가될 예정입니다.

무료/학생/일반계정 지원 폰트

〈한번뿐인 인생〉, 〈수고했어 오늘도〉, 〈우리나라 대한민국〉

프로계정 지원 폰트

〈라그라스 꽃말〉, 〈낮보다는 밤〉

조합형 캘리그라피 텍스트 입력하기

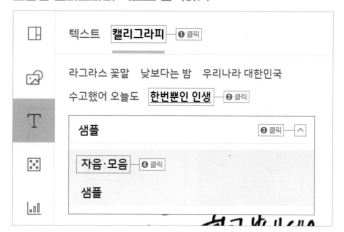

텍스트의 ❶캘리그라피 탭을 클릭합니다. 폰트의 종류는 ❷한번뿐인 인생을 선택하고, ❸더보기 버튼을 클릭하여 ❹자음·모음을 클릭합니다.

❺서체의 자음과 모음을 슬라이드에 하나씩 불러옵니다.

❻자음과 모음을 조합하여 글자를 완성합니다.

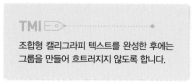

TMI

조합형 캘리그라피 텍스트를 완성한 후에는 그룹을 만들어 흐트러지지 않도록 합니다.

Chapter 2

조합형 캘리그라피 텍스트 활용법

조합형 캘리그라피 텍스트는 부드럽고, 정감 있게 느껴집니다. 디자인 콘텐츠에서 주목시키고자 하는 단어 하나, 문장 하나를 캘리그라피로 표현하고, 망고보드의 다른 디자인 요소와 함께 활용하면 훨씬 더 멋진 콘텐츠를 완성할 수 있습니다.

http://www.mangoboard.net/publish/822962

07 망고보드
디자인 요소 활용하기

요리 재료가 많으면 다양한 요리를 잘 할 수 있는 것처럼 디자인 재료가 많이 있으면 디자인을 보다 쉽게, 잘 할 수 있습니다. 망고보드에는 사용자가 편집 가능한 엄청난 양의 디자인 재료가 있습니다. 디자인 요소에는 사진, 도형, 선, 아이콘, 이미지 프레임, 차트도형, 지도도형, 이모티콘 등 다양한 분야를 제공합니다.

● 보물 같은 망고보드 디자인 요소

그래픽은 망고보드에서 자유롭게 사용할 수 있는 디자인 요소들을 제공하는 탭입니다. 그래픽에서 제공하는 디자인 요소의 종류는 사진, 도형, 선, 아이콘, 이미지 프레임, 차트도형, 지도도형, 이모티콘의 8가지입니다. 각각의 디자인 요소들은 사용자가 쉽게 편집할 수 있도록 제공합니다. 모든 디자인 요소는 망고보드의 검색창에서 검색할 수 있습니다.

그래픽에서 제공하는 디자인 요소
사진 : 필터 적용

도형 : 색상 변경

선 : 색상 변경, 길이/넓이 변경

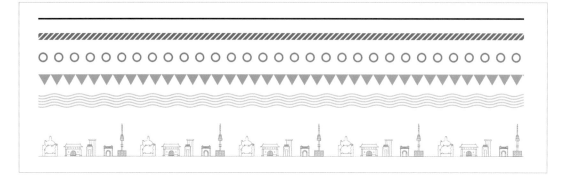

아이콘 : 색상 변경 (일부 불가)

이미지 프레임 : 사진 변경, 색상 변경, 필터 적용

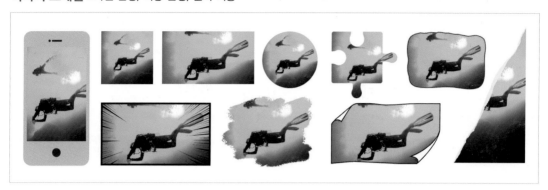

차트도형 : 색상 변경

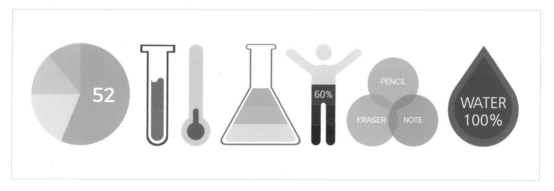

지도도형 : 색상 변경

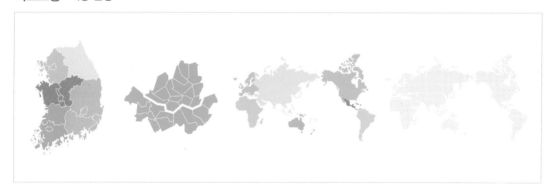

이모티콘 : 텍스트 변경, 일부 색상 변경 가능

● 필요한 디자인 요소 빠르게 찾기

망고보드에서 지원하는 디자인 요소를 키워드를 이용하여 검색할 수 있습니다. 키워드는 한글로 구체적인 명사를 입력
하는 것이 좋습니다. 예를 들어 신재생 에너지에 관한 콘텐츠를 완성해야 한다면, 구체적인 구성요소인 바람, 해, 물, 바
다 등의 키워드를 검색하면 원하는 디자인 요소를 보다 쉽게 구할 수 있습니다.

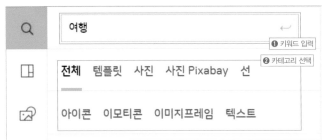

디자인 요소 검색하기

❶검색창에 '여행'을 입력한 후, 엔터를 눌
러 디자인 요소를 검색합니다.
그 중, ❷원하는 카테고리를 선택하면,
종류별로 디자인 요소를 확인할 수 있습
니다.

전체   사진   아이콘   텍스트

💬 더 똑똑하게 검색하기

OR연산자로 검색하기

검색 키워드를 하나 이상 입력합니다.

이처럼 하나 이상의 단어를 띄어 쓴 후 검색하면 OR연산자 검색으로 더 많은 디자인 요소를 찾을 수 있습니다.

구체적인 단어로 검색하기

광범위한 단어의 상황, 행동, 사물들로 검색을 하면 구체화된 디자인 요소를 검색할 수 있습니다.

예) 제휴, 계약 ➡ 악수, 계약서

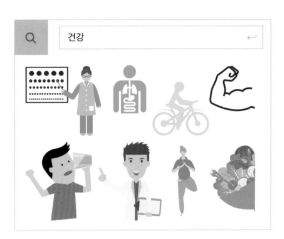

추상명사로 검색하기

건강과 관련된 이미지를 찾기 위해 병원, 의사를 검색하는 것보다, 건강을 바로 검색하면, 생각지 못한 아이디어를 얻을 수 있습니다.

예) 병원, 의사 ➡ 건강, 행복, 마음

태그로 관련 디자인 요소 검색하기

디자인 요소 하단에는 다음과 같이 인포메이션 아이콘이 나타납니다. ❶인포메이션 아이콘을 클릭하면 이미지 요소에 연결된 태그가 나타납니다. ❷태그를 클릭하면 관련된 디자인 요소를 검색합니다.

08 망고보드의 사진 활용하기

사진은 망고보드에서 지원하는 무료이미지로 JPG, PNG, GIF, BMP 등의 형식으로 저장된 사진 이미지입니다. 픽셀로 구성되어 필터를 이용하여 효과를 줄 수 있습니다. 배경이 없는 이미지도 많이 제공하므로 다양한 디자인 요소로 활용할 수 있습니다.
개인의 이미지 및 사진을 [사진올리기]기능을 이용하여 망고보드에 올려서 사용할 수 있습니다.

● 배경있는 사진과 배경없는 사진

망고보드 사진의 종류

그래픽의 사진탭에서 원하는 사진을 클릭하면 바로 슬라이드에 추가됩니다.

망고보드에는 다음과 같이 배경이 있는 사진과 배경이 투명한 사진이 있습니다. 배경이 투명한 사진은 배경을 자유롭게 적용할 수 있기에 활용도가 높습니다. 또 사진은 픽셀로 구성되어 있어 필터를 이용하여 사진에 효과를 넣을 수 있습니다.

배경이 있는 사진

배경이 투명한 사진

유료와 무료 디자인 요소의 차이

망고보드의 디자인 요소는 유료 사용자와 무료 사용자에 따라 다르게 나타납니다. 무료 사용자에서 검색하면 화면과 같이 ❶ 유료마크가 붙어 있는 유료 이미지와 ❷워터마크가 없는 무료 이미지가 있습니다.

유료 이미지를 무료 사용자가 사용하면, 사진에 워터마크가 나타납니다.

무료 이미지는 누구나 자유롭게 사용할 수 있는 사진이기에 무료 사용자인 경우 유료마크가 없는 이미지를 골라 사용하면 됩니다.

워터마크가 나타나는 유료 이미지

자유롭게 사용할 수 있는 무료 이미지

사진에 탁월함을 더하는 필터 12가지

사진 필터 켜기

사진 필터는 선택한 사진에 다양한 효과를 더하는 옵션입니다. 슬라이드에 추가된 사진을 선택하면, 사진에 관한 옵션이 나타납니다.

❶사진 필터 버튼을 옆으로 밀면 필터 종류가 나타납니다.

기본 필터

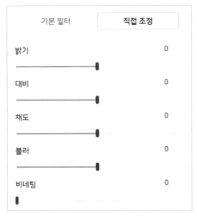

직접 조정

사진 필터 적용하기

사진 필터는 기본 필터 12가지와 직접 조정으로 구성되어 있습니다.

필터 적용방법은 첫 번째 기본 필터에서 원하는 효과를 선택하는 방법, 두 번째 직접 조정의 창에서 하나하나 조절하는 방법, 세 번째는 기본 필터를 적용한 후 직접 조정에서 각 옵션을 추가적으로 조절하는 방법이 있습니다.

> **TMI** ✎⟶
> 사진 필터의 블러는 이미지 초점을 흐릿하게 만드는 필터이고, 비네팅은 사진의 외곽이나 모서리가 어둡게 나오게 표현하는 필터입니다.

원본

흑백 + 비네팅(70)

야경 + 밝기(10)

사진 필터 취소하기

선택한 사진 필터를 취소하려면, ❶의 사진 필터 버튼을 옆으로 밀면 바로 취소됩니다.

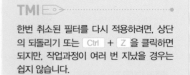

> **TMI** ✎⟶
> 한번 취소된 필터를 다시 적용하려면, 상단의 되돌리기 또는 Ctrl + Z 을 클릭하면 되지만, 작업과정이 여러 번 지났을 경우는 쉽지 않습니다.
> 필터 적용된 사진을 미리 복사해 두면 복구가 편합니다.

● 필요 없는 부분 바로 자르기

자르기 옵션

자르기 옵션은 사진에서 원하는 부분을 직사각형으로 선택하여 남길 수 있는 기능입니다.

사진의 ❶자르기 옵션을 선택합니다. 사방의 4개 ❷조절점을 마우스로 움직여 원하는 부분만 남기도록 합니다. 부분선택이 잘 되었으면, ❸의 확인을 클릭합니다. 완성된 이미지가 나타납니다.

잘라낸 이미지 복원하기

자르기가 적용된 사진에서 다시 자르기 옵션을 클릭하면, 다음과 같은 메뉴가 나타납니다.

❶원본이미지를 클릭하면, 원래의 이미지로 복원됩니다.

❷의 조절점을 조절하고, ❸확인을 클릭하면 사진자르기 부분을 다시 조절할 수 있습니다.

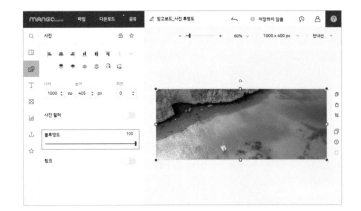

사진 투명도 조절하기

선택한 이미지의 투명도를 0~100까지 조절할 수 있는 옵션입니다.

0은 완전 투명, 100은 완전 불투명입니다.

원본

투명도 50

픽사베이(Pixabay.com)는 2010년 11월 한스 브랙스메이어(Hans Braxmeier)와 사이먼 슈타인버거(Simon Steinberger)가 독일 울름(Ulm)에서 설립한 이미지 공유사이트입니다.

고품질 퍼블릭 도메인의 무료공개 사진, 일러스트레이션, 벡터 그래픽 및 동영상의 필름 영상을 공유하고 있습니다. Pixabay는 130만 개가(2018.03 기준) 넘는 무료 사진, 삽화, 벡터 및 비디오를 서비스하고 있습니다.

출처 : 위키피디아

망고보드는 픽사베이의 무료 이미지를 망고보드 검색창에서 바로 검색하여 사용할 수 있도록 지원합니다.

EXERCISE

인스타그램 '좋은 글 콘텐츠' 만들기

망고보드의 다양한 사진 자료와 필터를 이용하여 인스타그램 콘텐츠를 만들어 봅니다.

요즘 인스타그램을 보면 좋은 풍경, 예쁜 음식을 찍어 공유하는 경우도 많지만 좋은 글, 짧은 명언, 소소한 느낌이나 생각들을 멋지게 담은 콘텐츠도 눈길을 끌지요? 일기를 쓰듯, 일상의 한 장면을 남기듯 독자에게 전달하고 싶은 좋은 글들을 나만의 감성을 담아 망고보드의 무료 이미지와 다양한 폰트를 이용하여 표현해 보아요.

인스타그램 좋은 글 콘텐츠	
내용	〈생텍쥐페리의 어린왕자〉 중 한 구절
컬러	블루와 화이트
폰트	옴니고딕 040, 제주고딕
사이즈	800 * 800

인스타그램 '좋은 글 콘텐츠' 만들기

1. 사이즈 정하기

망고보드 편집창에서 ❶크기설정을 클릭하여 ❷카드뉴스/SNS를 선택하고 ❸확인을 클릭합니다.

EXERCISE

2. 배경 사진 찾기

검색창에서 ❶별빛을 검색하여, 다음의 사진을 슬라이드에 추가합니다.

3. 배경사진 크기 맞추기

사진을 선택하고, 사진의 너비에 ❶800을 입력합니다.

❷가운데정렬을 클릭하면, 사진이 슬라이드의 한가운데로 옮겨집니다.

4. 슬라이드에 맞춰 배경사진 자르기

자르기 전에 화면을 ❶40%로 축소합니다. 이미지를 선택한 후 ❷자르기를 클릭하여 슬라이드에 맞게 사진의 사이즈를 조절합니다.

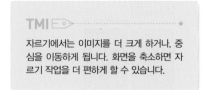

TMI

자르기에서는 이미지를 더 크게 하거나, 중심을 이동하게 됩니다. 화면을 축소하면 자르기 작업을 더 편하게 할 수 있습니다.

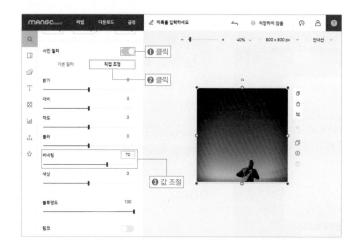

5. 배경사진에 필터 적용하기

❶사진 필터를 클릭 후, ❷직접조정을 선택합니다.

다섯 번째 옵션인 ❸비네팅 수치를 70정도로 조절합니다.

6. 텍스트 입력하기

텍스트를 클릭하여 다음의 내용을 입력합니다. 두 번째 텍스트에는 저자와 책제목을 적습니다.

❶텍스트의 색상은 화이트, ❷폰트는 제주명조, ❸크기는 28로 정합니다.

7. 텍스트 편집하기

내용 텍스트 중, 가운데 부분을 ❶선택하여 ❷옴니고딕 050으로 폰트를 바꿉니다.

❸작가와 제목 부분을 선택하여 폰트는 옴니고딕 020, 크기는 21로 수정합니다.

8. 파일로 다운로드하기

상단의 ❶제목을 클릭하여 콘텐츠의 제목을 입력하고, ❷저장하기를 클릭하여 저장합니다. ❸다운로드를 클릭합니다.

이미지 해상도를 높이려면, ❹크기 옵션의 1.5배 또는 2배를 선택하면 더 큰 이미지로 다운받을 수 있습니다. ❺다운로드버튼을 클릭하면, 내 컴퓨터의 다운로드폴더에 저장됩니다.

인스타그램에 올린 어린왕자의 한구절

9. 인스타그램에 올리기

인스타그램은 PC에서는 이미지 업로드를 할 수 없습니다. 망고보드에서 완성한 이미지를 스마트폰으로 전송하여 스마트폰에서 업로드합니다.

▶ http://www.mangoboard.net/publish/1148511

09 망고보드 도형요소 활용하기

망고보드의 도형요소에는 8가지 기본도형과 디자인 콘텐츠에 꼭 필요한 다양한 도형이 제공됩니다. 도형요소는 벡터 이미지로 제작되어서 크기를 키워도 해상도가 떨어지지 않고, 도형을 구성하는 색을 변경할 수 있어서 활용도가 매우 높은 디자인 요소입니다.

🔴 꼭 필요한 도형의 종류

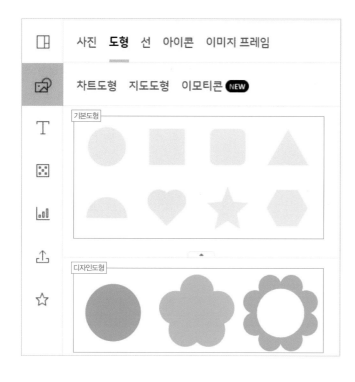

도형의 종류

그래픽의 도형에는 일반적인 기본도형과 다양한 디자인 형태를 구성하고 있는 디자인 도형이 있습니다.

- 기본도형은 원, 사각형, 라운드 사각형 등 많이 사용하는 8가지 형태의 도형으로 구성되어 있습니다.
- 디자인 도형은 다양한 디자인 요소로 활용 가능한 도형들이 들어 있습니다.

기본도형과 디자인 도형의 크기와 색은 모두 변경이 가능합니다.

📍 내 맘대로 도형 조절하기

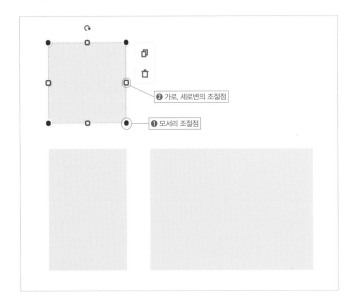

조절점으로 도형 크기 조절하기

도형을 선택하면 다음과 같이 8개의 조절점이 나타납니다.

❶모서리 조절점은 도형의 크기를 비율에 맞춰 확대하거나, 축소할 수 있습니다.

❷가로, 세로변의 조절점은 가로의 길이 또는 세로의 길이를 조절할 수 있습니다.

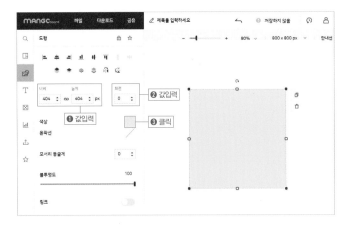

옵션으로 도형 조절하기

도형을 선택하면 왼쪽에 도형옵션창이 나타납니다.

❶크기값을 넣어 도형의 크기를 바꿀 수 있습니다. ❷회전각도를 입력하여 도형을 회전시킵니다. 도형의 색을 바꾸려면 ❸색상버튼을 클릭하여 색을 선택합니다.

TMI

여러 디자인 요소를 선택했을 경우에는 모서리 조절점만 나타납니다.

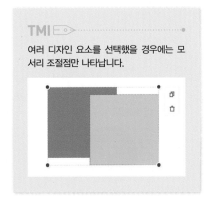

● 더 다양한 도형의 변신

도형 옵션

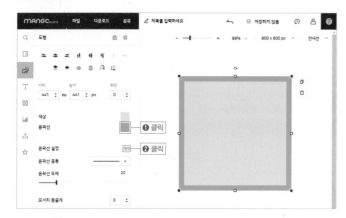

도형윤곽선과 모서리 둥글게를 이용하면 더 다양한 형태를 완성할 수 있습니다.

❶윤곽선의 색을 선택하면 하단의 옵션이 나타납니다.

❷해제를 클릭하면, 윤곽선이 사라집니다.

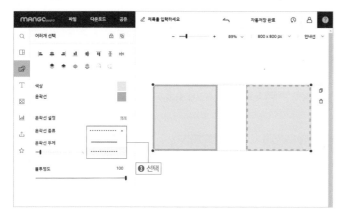

❸윤곽선의 종류는 다음과 같이 실선과 점선 두 가지 중 선택할 수 있습니다.

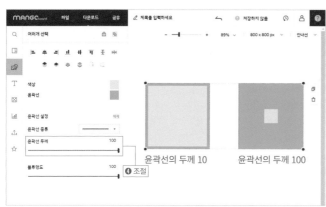

윤곽선의 두께 10   윤곽선의 두께 100

❹윤곽선의 두께는 1~100까지 값을 조절할 수 있습니다.

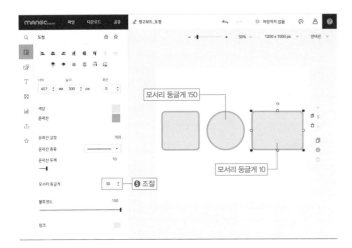

모서리 둥글게 150

모서리 둥글게 10

❺ 모서리 둥글게는 각 모서리를 둥글게 할 수 있습니다.

다음은 가로 세로 300x300의 정사각형에 모서리 둥글게 값을 150으로 주었을 경우와 10으로 준 경우입니다.

모서리 둥글게 값은 도형의 가로 세로 비율이 달라져도 그대로 유지됩니다.

> **TMI**
> 모서리 둥글게의 값에 한 변의 길이 절반에 해당하는 값을 넣으면 원 형태로 나타납니다.

TIP 도형 옵션 잘 사용하기

도형의 윤곽선과 모서리 둥글게 옵션을 활용하여 다음과 같은 형태의 도형을 쉽게 완성할 수 있습니다.

윤곽선 종류 : 실선
윤곽선 두께 : 10

윤곽선 종류 : 실선
윤곽선 두께 : 30

윤곽선 종류 : 점선
윤곽선 두께 : 10

윤곽선 종류 : 실선
윤곽선 두께 : 10
모서리 둥글게 30

TIP 디자인 도형에 윤곽선 적용하기

윤곽선은 다음과 같이 디자인 도형에도 적용됩니다. 윤곽선의 종류와 두께를 조절하여 원하는 형태를 쉽게 구현할 수 있습니다. 단, 복잡하거나 여러 색으로 구성된 디자인 도형은 윤곽선을 적용할 수 없습니다.

원하는 색으로 도형 꾸미기

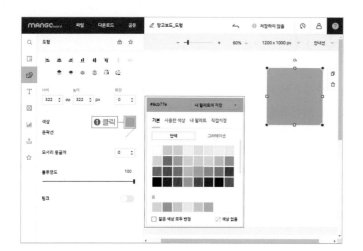

도형 색 변경하기

도형은 모두 각각의 기본색으로 추가됩니다. 도형을 선택한 후, 옵션창의 ❶색상을 클릭하면 해당 색상창이 나타납니다. 색상을 선택하여 색상팔레트를 열어 원하는 색상을 선택할 수 있습니다.

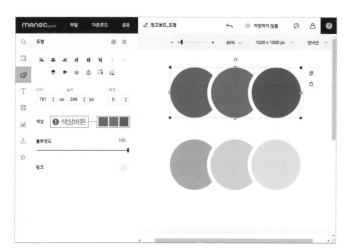

여러 색으로 구성된 도형 색 변경하기

여러 색으로 구성된 도형은 그 수만큼 ❶ 색상버튼이 나타납니다. 해당 색상을 선택하여 각각 원하는 색상을 선택합니다.

10 망고보드
색 선택하기

망고보드에는 누구나 쉽게 어울리는 색을 사용할 수 있도록 기본, 사용한 색상, 내 팔레트, 직접지정의 4가지의 색상 팔레트를 지원합니다. 다양한 색상 팔레트와 그 외 선택 방법이 제공되므로 보다 쉽게 색을 정할 수 있습니다.

● 예쁜 색이 가득한 기본 색상 팔레트

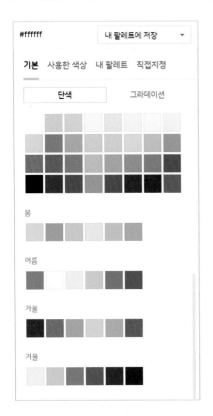

단색 기본 색상 팔레트

색상버튼을 클릭하면 기본으로 나타나는 색상 팔레트입니다. 주로 많이 사용되는 색조합과 계절별 색 팔레트를 제공합니다.

고급진 그라데이션 색상 팔레트

그라데이션 색상 팔레트

그라데이션 팔레트는 기본 팔레트 안에 들어 있습니다. 32가지의 미려한
그라데이션 배색을 자유롭게 사용할 수 있습니다.

그라데이션의 색 바꾸기

그라데이션의 색을 바꾸려면, 먼저 디자인 요소에 ❶그라데이션을 적용
하고, ❷직접지정을 클릭합니다.
❸그라데이션 슬라이드에서 색을 클릭하여 다른 색으로 바꿀 수 있고,
색의 위치를 조절할 수 있습니다.

그 외 그라데이션 적용 예

그라데이션은 선형과 방사형 두 가지로 지원합니다. 그리고 색을 추가할 수도, 색을 뺄 수도 있고, 색의 위치를 조절하여
다양한 분위기를 연출할 수 있습니다.

선형 45°

선형 0°

방사형

그라데이션을 적용할 수 있는 대상

입체감을 느끼게 하거나, 화려함을 더하는 그라데이션은 도형과 배경에 적용할 수 있습니다. 단 복잡한 도형에는 사용할 수 없습니다. 배경에는 그라데이션만 적용하거나, 투명한 패턴과 합쳐 더 멋진 배경을 만들 수 있습니다.

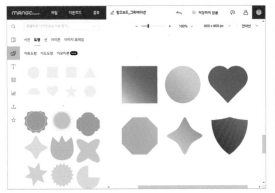

그래픽의 기본 도형에 그라데이션 적용 예

패턴 배경에 그라데이션 색을 추가한 예

● 일관성 있는 색을 적용하는 가장 쉬운 방법

[사용한 색상] 팔레트

망고보드에서 사용한 색상을 보여주는 팔레트입니다.

현재 템플릿에서 사용하진 않았어도, 한 번이라도 선택했던 색상은 ❶사용한 색상부분에 나타납니다.

그중, 현재 슬라이드에 적용한 색상은 ❷슬라이드에서 사용된 색상부분에 나타납니다. 슬라이드마다 다른 색을 썼다면, 이 부분에 나타나는 색상도 슬라이드마다 다르게 나타납니다.

디자인 요소의 색은 사용한 색상 팔레트에 바로 넣을 수 있어요.

사용한 색상 팔레트에는 슬라이드에 사용한 도형과 템플릿의 색상이 바로 들어옵니다. 색을 선택하기 힘들다면, 잘 배합되어 있는 도형 또는 템플릿을 선택하여 사용한 색상 팔레트에 담아두고, 슬라이드에 사용하면 됩니다.

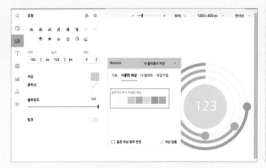

도형을 추가하였을 때 사용한 색상 팔레트

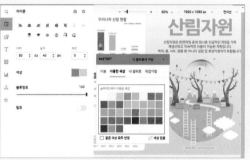

템플릿을 선택하였을 때 사용한 색상 팔레트

● 우리 회사의 색, 내가 좋아하는 색 따로 저장해놓기

내 팔레트(*프로계정에 한함)

회사의 주요색, 내가 주로 사용하는 색을 내 팔레트에 추가하여 쉽게 사용할 수 있습니다. 예를 들어 굿네이버스는 다음과 같은 브랜드 색상 가이드를 정해 놓고, 사용하고 있습니다. 내가 좋아하는 색, 자주 쓰는 색, 회사의 브랜드 컬러 등을 저장해두고 쉽게 선택할 수 있습니다.

자세한 방법은 내 컬러 저장하기(P.252)에 나옵니다.

브랜드 색을 적용한 굿네이버스의 카드뉴스

● 내가 원하는 색 바로 선택하기

직접지정

등록되어 있지 않은 색은 ❶색상 스펙트럼에서 직접 색을 선택하여 사용할 수 있습니다. 헥사값으로 표현한 ❷색상값을 안다면 직접입력하거나, 복사/붙여넣기하여 색을 선택할 수 있습니다.

TIP   색조합 사이트의 추천색을 망고보드에 적용하기

인터넷의 색 추천 사이트에는 대부분 헥사값으로 색을 표시합니다. 추천 사이트의 헥사값을 복사하여 바로 망보고드에 적용할 수 있습니다.

colorhunt.co 에서 추천하는 색조합값

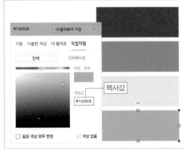

망고보드에 적용

● 단순작업을 1/10로 줄여주는 색상 변경 기능

[같은 색상 모두 변경]

같은 색상 모두 변경은 슬라이드 내에 같은 색상을 사용한 모든 디자인 요소의 색을 한 번에 일괄 변경하는 기능입니다. 디자인의 일관성을 위해 다음의 템플릿과 같이 배경, 텍스트, 텍스트 박스 등의 다양한 디자인 요소를 같은 색상으로 사용하는 경우가 많습니다. 이렇게 여러 곳에 사용된 색상을 한 번에 변경할 수 있으므로 빠르게 여러 시안의 디자인을 완성할 수 있습니다.

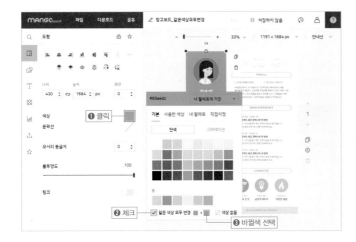

디자인 요소를 선택하고, ❶색상버튼을 클릭합니다.

❷같은 색상 모두 변경을 체크하고, ❸두 번째 색을 다른 색으로 선택합니다.

같은 색으로 되어 있는 디자인 요소들이 한꺼번에 다른 색으로 바뀌어 단순작업 시간을 많이 줄여 줍니다.

색상값 찾아내기

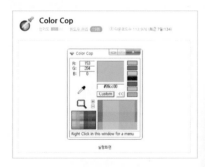

화면에 보이는 색을 찾아주는 컬러피커 프로그램을 사용하면 원하는 색을 빠르게 찾을 수 있습니다. 컬러피커 프로그램 중 COLOR COP은 무료로 사용가능한 프로그램으로, 스포이드를 이용하여 모니터에 보이는 모든 색을 찾을 수 있습니다.

EXERCISE

브랜드 색을 담은 홍보포스터 만들기

망고보드의 편리한 색 사용 방법을 활용하여 홍보 포스터를 만들어 봅니다.

컬러 마케팅을 아시나요? 코카콜라의 빨강, 삼성의 파랑, 카카오의 노랑... 회사마다 자신들의 기업철학이나 브랜드를 상징하는 컬러가 있지요? 같은 색이라도 그 고유한 컬러를 유지하는 것이 정말 중요한데요. 망고보드의 편리한 색 사용 기능에 우리 회사의 색을 지정해 놓고 '신입사원 모집 공고'를 비롯한 다양한 콘텐츠 제작에 적용해 보세요.

내용	신입사원 모집 공고
타깃	취업 준비생
사이즈	800 * 800
콘셉트	회사의 아이덴티티가 느껴지도록 색 선정
디자인 요소	회사원 일러스트
색	
폰트	옴니고딕 050

EXERCISE

브랜드 색을 담은 홍보포스터 만들기

1. 템플릿 선택하기

템플릿 – 포스터에서 다음의 템플릿을 선택합니다.

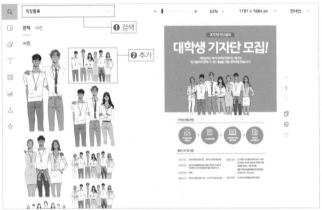

2. 디자인 요소 추가하기

필요없는 디자인 요소를 삭제하고, 내용을 수정합니다. ❶검색창에서 '직장동료'를 검색하여 다음의 ❷이미지를 추가합니다.

3. 내용 수정하기

모집공고의 내용을 수정합니다.

4. 회사로고 추가하기

❶검색창에서 '카카오톡'을 검색하여 ❷카 카오톡 아이콘을 추가합니다.

5. 로고 색 적용하기 Ⅰ

기능탭의 ❶배경을 클릭한 후, ❷슬라이 드 배경색상을 클릭합니다. ❸사용한 색 상을 클릭하여 ❹카카오톡 아이콘의 색을 선택합니다.

6. 로고 색 적용하기 Ⅱ

하단의 박스를 선택하여 ❶잠금해제를 클 릭한 후, ❷색상을 클릭하여, 카카오톡 아이 콘의 ❸다른 색을 선택합니다.

EXERCISE

7. 빠르게 색 변경하기

❶의 도형을 선택하고 ❷색상버튼을 클릭합니다. ❸사용한 색상으로 이동하여 ❹의 같은 색상 모두 변경의 두 번째 색을 다른 색으로 선택합니다. 텍스트를 선택한 후 같은 방법으로 색을 변경합니다.

☑ 같은 색상 모두 변경 ■ ▸ ■   ◰ 색상 없음

8. 완성하기

* 브랜드의 색을 적용하여, 하나의 내용을 다음과 같이 다양하게 변신시킬 수 있습니다.

▶ http://www.mangoboard.net/publish/758866

11 망고보드
선 그리기

망고보드 선은 기본선과 디자인 선 두 종류로 제공됩니다. 기본선은 실선, 겹선, 점선 등
으로 구성되어 있고, 디자인 선은 다양한 형태로 제공됩니다. 선은 길이와 색을 모두 바
꿀 수 있어 다양하게 활용할 수 있습니다.

참으로 다양한 망고보드 선

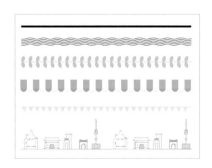

선의 종류

망고보드에서는 점선, 물결선, 나뭇잎선, 랜드마크선 등 다양한 형태의
선을 제공합니다. 이 선들은 길이와 컬러를 자유롭게 조절하여 디자인에
적용할 수 있습니다.

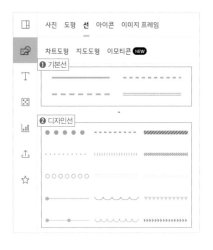

그래픽 탭의 선에는 ❶기본선과 ❷디자인 선이 들어 있습니다.

기본선 만들기

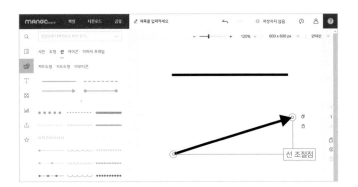

기본선 그리기

기본선을 추가한 후, 마우스로 선택하면 다음과 같이 두 개의 조절점이 나타납니다. 하나의 점을 선택 후 이동하여 자유로운 선을 그립니다.

기본선의 옵션

기본선을 그린 후, 선을 선택하면 다음과 같은 옵션이 나타납니다.

❶선 색상

선택한 선의 색을 자유롭게 바꿀 수 있습니다.

❷선 두께

선두께를 조절하여 가는 선부터 굵은 선까지 다양한 두께의 선을 완성할 수 있습니다.

❸머리 / 꼬리 / 선의 종류

머리와 꼬리는 없는 형태와 다음의 8가지의 모양을 선택할 수 있습니다.

사용을 체크한 후 모양을 선택합니다.

❹머리크기 / 꼬리크기

머리 또는 꼬리를 선택한 후, 크기는 1~4까지의 크기를 선택할 수 있습니다.

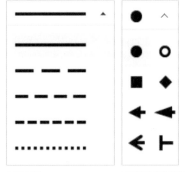

선의 종류   머리/꼬리의 종류

● 특징만 알면 쉬운 선 조절

선 조절점

선을 선택하면, 다음 그림처럼 모서리 조절점과 양끝에 두 개의 선 조절점이 나타납니다. ❶은 선의 높이와 너비를 비율로 조절하는 모서리 조절점이고, ❷는 너비를 조절하는 선 조절점입니다.

선 조절점으로 선 조절하기

❶의 모서리 조절점으로 선 높이를 맞춘 후, ❷의 선 조절점으로 너비를 맞추면 원하는 선을 완성할 수 있습니다.

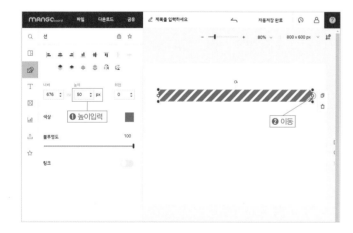

정확한 값으로 선 조절하기

❶의 높이를 직접 입력합니다. 그런 후, ❷의 선 조절점을 이동하여 길이를 조절합니다.

TMI

값으로 조절하면, 너비와 높이가 같은 비율로 조절됩니다.

선을 이용하여 만든 이미지

망고보드의 디자인 선에는 연장이 가능한 선과 가능하지 않은 선이 있습니다.

연장이 가능한 선은 굵기를 그대로 둔 채 길이를 자유롭게 조절할 수 있습니다. 그에 비해 연장할 수 없는 선은 크기의 확대/축소만 가능합니다.

슬라이드에 추가된 선을 선택했을 때, 다음의 그림처럼 양 끝부분에 선조절점이 나타나면 연장이 가능한 선입니다. 8개의 조절점이 나타나면 길이로 연장할 수 없는 선입니다.

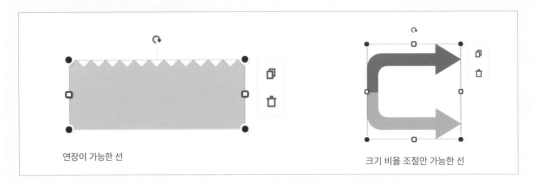

연장이 가능한 선

크기 비율 조절만 가능한 선

12 망고보드 아이콘 활용하기

디자인 콘텐츠를 제작할 때 초보자들이 가장 필요로 하는 재료는 아이콘입니다. 아이콘은 작은 이모티콘부터 일러스트까지 다양하게 제공되고, 상황에 맞게 색을 변경할 수 있어 자유롭게 활용할 수 있습니다

그래픽 탭을 클릭한 후 아이콘을 선택하면, 다음과 같은 아이콘이 나타납니다. 아이콘은 벡터이미지로 디자인되어 색과 크기를 자유롭게 바꿀 수 있습니다.

*일부 아이콘은 색 변경이 안될 수도 있습니다.

아이콘 색을 내 맘대로 바꾸기

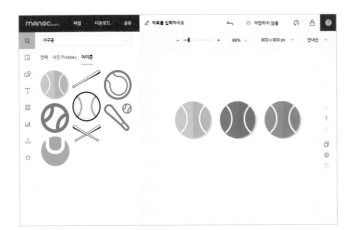

단색 아이콘 색 변경하기

아이콘을 클릭하여 슬라이드에 추가합니다. 추가된 아이콘은 옵션의 색상 팔레트를 이용하여 원하는 색으로 변경할 수 있습니다.

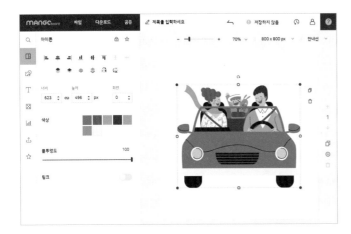

여러 색으로 아이콘 색 변경하기

아이콘을 선택하면, 아이콘을 구성하고 있는 색이 옵션에 나타납니다.

색을 하나씩 선택하여 다른 색으로 변경할 수 있으므로, 다양한 표현이 가능합니다.

TIP | 색 변경이 안되는 아이콘

아이콘을 선택했을 때, 색상 버튼이 나타나지 않으면 색을 변경할 수 없는 아이콘입니다.

아이콘 쉽게 검색하기

관련된 아이콘을 빠르게 검색하려면, 아이콘 아래의 i를 클릭하여 등록된 키워드를 찾으면 됩니다.

야구공의 i를 클릭하니 키워드가 야구공, 스포츠, 공, 공놀이, 야외활동, 장식, 요소로 나타납니다. 키워드 중 하나를 클릭하면 해당 키워드로 재검색되어 원하는 아이콘을 보다 빠르게 찾을 수 있습니다.

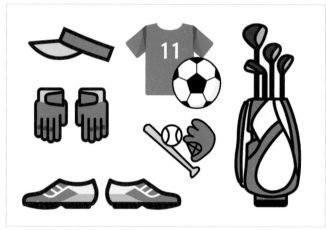

다음은 키워드 중 '스포츠'를 선택하여 찾은 아이콘입니다.

EXERCISE

유치원 가정통신문 만들기

망고보드의 다양한 아이콘을 활용하여 가정통신문을 만들어 봅니다.

중요한 안내문에서부터 간단한 홍보물, 알림글까지 유치원, 어린이집, 학원, 카페를 막론하고 디자인물이 안 쓰이는 데가 없지요? 기왕이면 예쁘게, 눈에 띄게, 누구나 쉽게 만들고 싶은 마음도 똑같은데요. 망고보드가 그 고민을 시원하게 해결해 드립니다. 유치원, 어린이집에서 학부모에게 보내는 다양한 가정통신문을 간편하게 만들어 봅니다.

유치원 가정통신문	
내용	안전교육 체험활동 알림장
콘셉트	밝은 파스텔톤 안전, 꽃, 버스
폰트	제목 : 빙그레IIB 내용 : 노트산스
사이즈	A4 사이즈

유치원 가정통신문 만들기

1. 크기 설정하기

슬라이드 ❶크기설정에서 A4가로를 선택한 후 확인버튼을 클릭하여, 슬라이드 크기를 먼저 설정합니다.

❷텍스트를 추가하여 다음의 내용을 입력합니다.

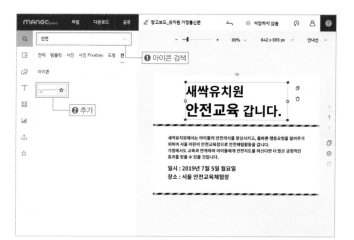

2. 선 추가하기

❶검색창에 '안전'을 검색한 후 ❷선에서 다음의 라인을 슬라이드에 추가합니다. 라인의 길이를 키워 넣습니다.

3. 디자인 요소 추가하기

'꽃', '안전', '버스'를 검색하여 다음과 같이 꾸며 줍니다.
색을 어울리도록 변경합니다.

4. 컬러 맞추기

텍스트의 폰트와 색을 바꿔 주고, 제목을 강조하기 위해 꽃으로 포인트를 넣습니다.

EXERCISE

새싹어린이집
안전교육 갑니다.

새싹유치원에서는 아이들의 안전의식을 향상시키고, 올바른 행동요령을 알려주기 위하여 서울 어린이 안전교육장으로 안전체험활동을 갑니다.
가정에서도 교육과 연계하여 아이들에게 안전지도를 하신다면 더 많은 긍정적인 효과를 얻을 수 있을 것입니다.

일시 : 2019년 5월 5일 월요일
장소 : 서울 안전교육체험장

http://www.mangoboard.net/publish/1169148

5. 완성하기

내용을 정렬하여 완성합니다.

13 망고보드 이미지 프레임 활용하기

이미지 프레임은 이미지를 담을 수 있는 틀입니다. 이미지를 일일이 자르지 않고, 다양한 이미지 프레임을 이용해서 형태를 자유롭게 바꿀 수 있습니다. 하나의 형태에 다른 이미지를 계속 바꿔 넣을 수도 있습니다.

이미지 프레임이 뭘까?

이미지 프레임의 특징

원하는 형태의 이미지 프레임을 선택하고, 프레임 안에 넣을 이미지를 추가하면 자동으로 이미지 프레임의 형태에 맞게 맞춰줍니다. 다른 이미지로 쉽게 변경할 수 있습니다.

이미지 프레임의 종류

그래픽의 이미지 프레임을 클릭하면 나타
납니다.

이미지 프레임은 ❶기본 프레임과 ❷디자
인 프레임으로 구분됩니다.

● 포토샵에서 자르지 않고, 이미지 프레임에 넣기

이미지 프레임에 사진 넣기

❶슬라이드에 이미지 프레임을 추가합니
다.

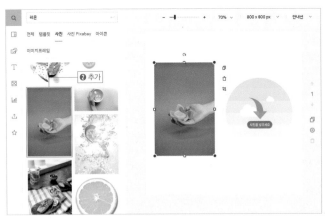

❷사진을 검색하여 사진을 추가합니다.

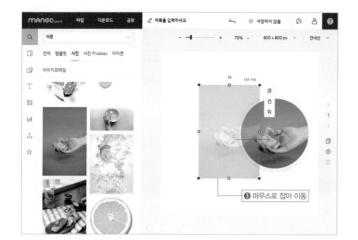

❸사진을 선택하여 마우스로 이미지 프레임 위에 올립니다.

❹이미지 프레임의 크기를 조절하거나, 위치를 바꿔 정렬합니다.

*이미지 프레임의 외곽선, 도형의 색상을 변경할 수 있습니다.

147

● 이미지 프레임 속의 사진 조절하기

이미지 프레임 속의 사진 자르기

이미지 프레임에 사진을 넣을 경우 짧은 변을 기준으로 프레임에 맞춰줍니다. 하지만, 이미지 프레임의 자르기를 이용하면 원하는 포인트와 크기를 맞출 수 있습니다.

❶ 이미지 프레임과 사진을 추가합니다.

❷ 사진을 이미지 프레임에 넣습니다.

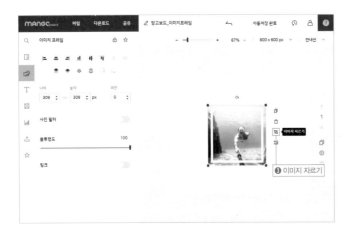

❸ 사진이 추가된 이미지 프레임을 클릭하고, 이미지 자르기를 선택합니다.

❹사진의 크기를 확대하고, 중심위치를 조절합니다.

❺확인을 클릭하면 원하는 이미지 크기로 완성됩니다.

> **TIP** ┆ 이미지 프레임 속의 사진 자르기를 잘 하려면

이미지 프레임 속의 사진을 조절할 경우, 현재 크기에서 더 크게 해야 합니다. 사진을 더 크게 하려면, 슬라이드의 상태를 축소해서 화면을 작게 보이게 한 후 작업하면 사진 크기를 더 쉽게 조절할 수 있습니다.

이미지 프레임 잘 활용하기

이미지 프레임 여러 개 만들기

같은 이미지 프레임을 나열한 후 서로 다른 사진을 넣을 경우 활용하는 방법입니다

❶ 이미지 프레임의 사진을 추가합니다.

❷사진이 들어 있는 이미지 프레임을 복사합니다.

*사진이 들어있는 이미지 프레임도 키보드의 Ctrl 키를 누르고 마우스로 끌어서 놓기(Drag & Drop)하면 바로 복사가 됩니다.

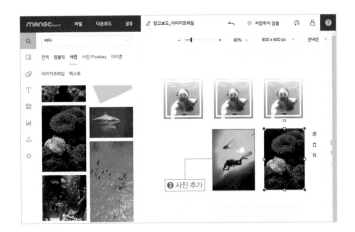

❸다른 사진을 슬라이드에 추가합니다.

❹각각 사진을 이미지 프레임에 넣어 완성합니다.

❹ 각각 이미지 프레임에 넣기

이미지 프레임의 다양한 쓰임새

이미지 프레임에 넣은 사진을 고정하려면

이미지 프레임을 추가한 후, 다른 사진을 사용하려면, 먼저 추가된 이미지 프레임에 사진이 들어가는 경우가 자주 있습니다. 그럴 경우에는 고정해 두어야 할 이미지 프레임을 선택하여 잠금을 설정해 두면 다른 사진을 올렸을 경우에도 사진이 바뀌지 않습니다.

● 가변형 이미지 프레임 활용하기

가변형 이미지 프레임이란, 이미지 프레임의 비율이 고정되어 있지 않고, 비율을 다르게 조절할 수 있는 것을 말합니다. 가령 카드뉴스 배경에 넣기 위해 800x800 사이즈의 이미지 프레임을 추가하고, 그 속에 이미지를 넣었다가, 가로로 긴 형태의 배너로 변형한다면, 이미지 프레임을 배너에 맞게 새로 추가해야 하는데 가변형 이미지 프레임은 가로세로 비율을 자유롭게 조절할 수 있습니다.

가변이 되는 이미지 프레임

이미지 프레임 중 기본형 프레임 8가지는 비율이 변형되는 가변형 이미지 프레임입니다.

가변형 이미지 프레임을 쉽게 구분하는 방법은 다음처럼 이미지 프레임을 클릭했을 때 중간의 조절점이 나타나면 가변형 이미지 프레임입니다. 이 조절점을 움직여 비율을 바꾸면 됩니다.

151

원본이미지

1:1 이미지 프레임이 가로로 긴 이미지 프레임과 세로로 긴 이미지 프레임으로 변형된 형태

이미지 프레임의 비율 바꾸기

종류에 따라 달라지는 SNS콘텐츠를 만들기 위해 사진을 넣은 이미지 프레임도 비율을 바꿀 수 있습니다. 그런 이미지 프레임을 가변형 이미지 프레임이라고 합니다.

사진 필터를 동일하게
적용하는 이미지 프레임

프레임에 사진을 넣은 후, 사진 필터를 적용하면, 다른 사진을 넣어도 같은 필터가 적용됩니다.

하나의 이미지 프레임을 만들고, 복사한 후, 다른 이미지를 넣으면, 쉽게 같은 톤으로 맞출 수 있습니다.

EXERCISE

인스타그램 요리 레시피 홍보물 만들기

프레임을 이용하여 사진을 자유롭게 편집하여 인스타그램 홍보물을 만들어 봅니다.

인스타그램에 보면 시선을 자극하는 음식 사진과 요리 레시피를 홍보하는 글들이 넘쳐나지요? 우리 가게 메뉴도 저렇게 홍보할 수 없을까 부러웠던 마음을 망고보드가 해결해 드립니다. 망고보드의 디자인 텍스트와 이미지 프레임을 사용해 눈길도 끌고, 손님도 끄는 맛깔난 홍보물을 만들어 보아요.

인스타그램 홍보물	
내용	요리 레시피 홍보물
컬러	짙은 블루 바탕에 눈에 띄는 강한 레드로 포인트
폰트	제목 : 잉크립퀴드, 로케트 내용 : 로케트
사이즈	SNS 홍보물 800 * 800

인스타그램 요리 레시피 홍보물 만들기

1. 크기 정하기

슬라이드 사이즈를 ❶카드뉴스/SNS로 선택한 후 확인버튼을 클릭합니다. ❷제목 텍스트와 ❸디자인 텍스트를 추가하여 다음의 내용을 입력합니다.

EXERCISE

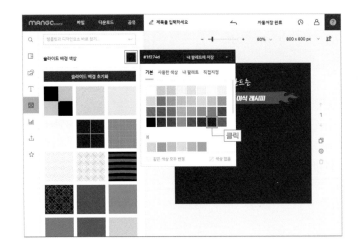

2. 배경 정하기

배경탭을 클릭하여 배경색을 선택합니다.

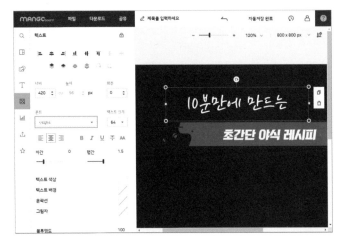

3. 텍스트 수정하기

텍스트의 색을 흰색으로 바꾸고, 폰트를
잉크립퀴드로 바꿉니다.

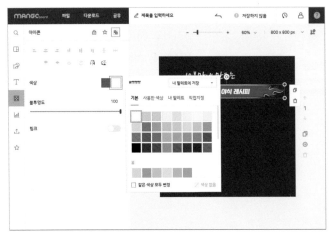

4. 디자인 텍스트 수정하기 I

디자인 텍스트를 선택하여 두 번째 색을
흰색으로 바꿔 줍니다.

5. 이미지 프레임 추가하기

이미지 프레임에서 다음의 이미지 프레임을 찾아 추가합니다.

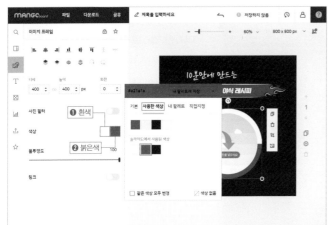

6. 이미지 프레임 수정하기

이미지 프레임의 색을 바꿔 줍니다.
❶의 색은 흰색, ❷의 색은 제목과 동일한 붉은색을 선택합니다.

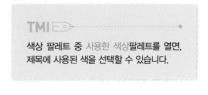

TMI

색상 팔레트 중 사용한 색상팔레트를 열면, 제목에 사용된 색을 선택할 수 있습니다.

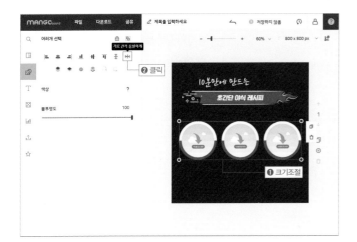

7. 이미지 프레임 복사하기

이미지 프레임을 3개가 되도록 복사합니다. 3개의 이미지 프레임을 모두 선택하여 ❶크기를 조절하고, ❷가로간격 동일하게를 클릭하여 정렬합니다.

8. 이미지 프레임에 사진 추가하기

해당 사진을 검색하여 이미지 프레임에 넣습니다. 사진은 '치킨', '피자', '떡볶이'로 검색합니다.

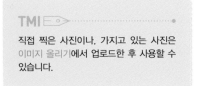

TMI

직접 찍은 사진이나, 가지고 있는 사진은 이미지 올리기에서 업로드한 후 사용할 수 있습니다.

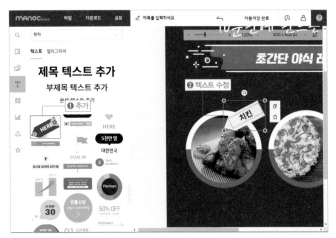

9. 디자인 텍스트 수정하기 II

디자인 텍스트 중 ❶을 추가하여 배경도형의 색과 텍스트의 색을 바꿉니다. ❷텍스트의 내용도 수정합니다.

10. 디자인 텍스트 수정하기 III

디자인 텍스트 중 ❶을 추가하여 ❷텍스트의 내용을 수정합니다.

http://www.mangoboard.net/publish/829548

11. 완성하기

전체적으로 정렬을 조정한 후 완성합니다.

157

14 망고보드
배경 적용하기

망고보드에는 배경으로 단색과 패턴을 지원합니다. 슬라이드 별로 따로 배경을 지정할 수 있기에 여러 장의 슬라이드를 서로 다른 배경으로 꾸밀 수 있습니다.

● 망고보드 다양한 배경

단색배경

그라데이션

망고보드 배경

기능탭의 배경을 클릭하면 망고보드에 적용할 수 있는 배경이 나타납니다.

망고보드의 배경에는 단색배경, 그라데이션, 패턴, 패턴+색상 총 4가지 형태의 배경을 적용할 수 있습니다.

패턴

패턴+색상

● 망고보드 배경 적용하기

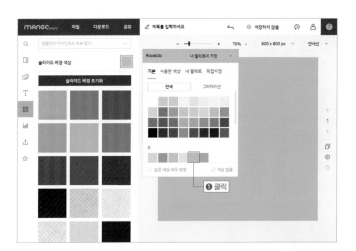

단색으로 적용하기

배경-색상버튼을 클릭하여 ❶원하는 색을 선택합니다.

그라데이션으로 적용하기

배경-색상버튼을 클릭한 후, ❶그라데이션을 선택하여 ❷원하는 그라데이션 스타일을 클릭합니다.

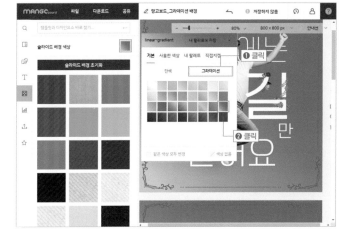

Chapter 2

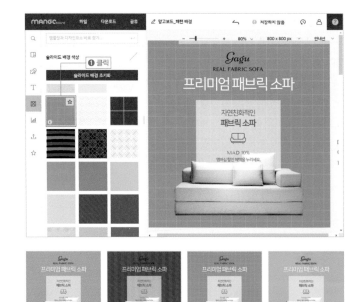

패턴으로 적용하기

배경–색상버튼을 클릭후 ❶의 배경패턴
을 선택합니다.

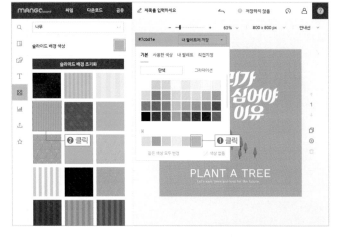

패턴+색상으로 적용하기

배경–색상버튼을 클릭후 ❶의 색상버튼
을 클릭하여 원하는 색을 선택합니다. ❷
배경패턴 중 배경색이 지정한 색으로 바
뀌는 패턴배경을 선택합니다.

패턴배경은 배경이 투명한 것과 불투명한 것 두 가지가 있습니다. 배경이 투명한 패턴은 슬라이드 배경 색상을 다른 색으로 선택하면 배경이 다음과 같이 변합니다. 이렇게 달라지는 투명패턴을 적용하고, 색을 변경하면 됩니다.

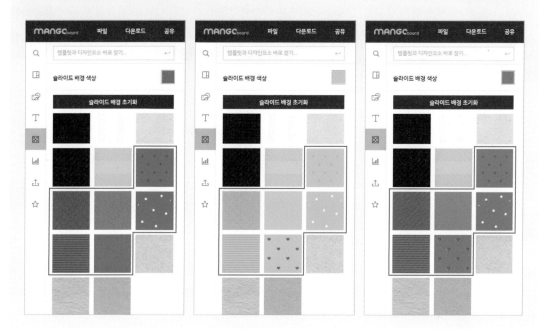

15 망고보드
템플릿 적용하기

템플릿은 망고보드 개발사의 전문 디자이너들이 다양한 디자인 샘플을 만들어 제공하는 것입니다. 템플릿을 구성하고 있는 디자인 요소를 내용에 맞게 수정할 수 있어서 보다 빠르게, 보다 쉽게 퀄리티 높은 디자인 콘텐츠를 제작할 수 있습니다. 템플릿이야말로 우리가 디자이너의 어깨 위에 쉽게 올라탈 수 있는 좋은 도구입니다.

템플릿의 종류

망고보드의 템플릿은 인포그래픽 가로/세로, 카드뉴스, 상세페이지, SNS, 프레젠테이션, 배너, 포스터, 유튜브 썸네일 11가지의 카테고리로 분류되어 있습니다. 템플릿을 선택하면 슬라이드의 모든 상황이 템플릿에 맞게 수정됩니다. 템플릿은 1장으로 구성된 단일 템플릿과 여러 장으로 구성된 패키지 템플릿으로 나눠집니다.

단일 템플릿

1장으로 구성된 템플릿입니다. 같은 사이즈일 경우, 여러 장으로 만들 수 있습니다.

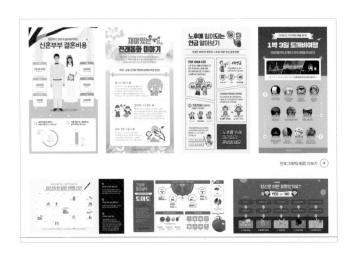

인포그래픽
가로/세로 1080*1920
학습자료, 이력서, 시사, 건강, 타임라인 등 인포그래픽을 이용하는 흥미 유발과 정보 습득에 효과적입니다.

SNS 800*800

트위터, 페이스북, 라인, 미투데이 등 소셜 네트워크서비스의 광고 및 홍보 작업에 효과적입니다.

포스터/전단 1191*1684

포스터, 전단지, 소식지, 웹매거진, 인쇄광고, 책표지 등 다양한 디자인 작업에 효과적입니다.

배너 1000*370

가로 배너, 블로그 스킨, 홈페이지 이미지 등 광고 작업에 효과적입니다.

유튜브 썸네일 1280*720

클릭률을 높일 수 있는 유튜브 썸네일 및 각종 동영상 썸네일 제작에 활용할 수 있으며, 모니터/TV 화면 사이즈에 맞는 이미지 제작에도 사용할 수 있습니다.

패키지 템플릿

카드뉴스, 프레젠테이션과 같이 여러 장의 콘텐츠를 만들기 위해 다중으로 구성된 템플릿입니다.

카드뉴스 800*800

카드뉴스, 썸네일, 정사각형 배너, 광고 등 정보를 쉽고 빠르게 전달하는 작업에 효과적입니다.

프레젠테이션 1280*960

보고자료, 설명회 자료, 회사소개, 기획서, 제안서 등 발표 및 홍보 작업에 효과적입니다.

상세페이지 860*1100

다양한 템플릿으로 제품의 특징과 장점, 그리고 상세페이지에 필요한 구성까지 포함되어 있어, 온라인 쇼핑몰에 필요한 상세 페이지를 멋지게 완성할 수 있습니다.

네임카드 800*445

온라인카드, 명함, 쿠폰, 할인쿠폰, 도장쿠폰, 스티커 등 사업처 혹은 개인을 소개하는 카드로 온라인에서 사용하거나 인쇄물로 제작할 수 있습니다.

포스터/전단, 네임카드는 단일 템플릿과 패키지 템플릿이 섞여 있습니다.

현수막 2000*360

시선을 사로 잡는 현수막 디자인으로서 가로형 웹배너 제작에도 활용할 수 있습니다.

세로배너 1000*3000

좁은 공간에도 설치 가능한 X배너, 족자 등을 제작할 수 있으며 세로형 웹배너를 만드는 데도 사용할 수 있습니다.

매주 업데이트 되는 템플릿

템플릿은 매주 업데이트 됩니다. 한 달 이내에 업데이트 된 템플릿은 유료 사용자에게만 허용됩니다.

📍 템플릿 적용하기

템플릿을 적용하는 방법은 두 가지가 있습니다. 하나는 망고보드 홈페이지에서 템플릿을 선택하여 작업을 시작하는 것이고, 다른 하나는 망고보드 편집창에서 템플릿을 선택하는 것입니다.

망고보드 홈페이지에서
템플릿 선택하기

❶망고보드 홈페이지의 템플릿을 클릭합니다.

❷원하는 템플릿의 미리보기 이미지 위에 마우스를 올려 편집하기를 클릭합니다.

❸템플릿이 들어 있는 편집창이 열리고, 작업을 진행할 수 있습니다.

망고보드 편집창에서
템플릿 선택하기

❶ 템플릿탭을 열어 원하는 템플릿을 찾아
클릭합니다.

❷ 템플릿 적용 경고창이 나타납니다. 교체
하기를 클릭합니다.

❸ 슬라이드의 사이즈와 내용이 모두 선택
한 템플릿으로 바뀌고, 작업을 진행할 수
있습니다.

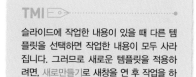

슬라이드에 작업한 내용이 있을 때 다른 템
플릿을 선택하면 작업한 내용이 모두 사라
집니다. 그러므로 새로운 템플릿을 적용하
려면, 새로만들기로 새창을 연 후 작업을 하
는 것이 좋습니다.

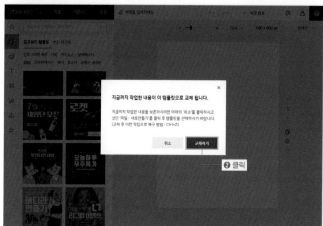

🔵 패키지 템플릿 적용하기

패키지 템플릿은 여러 장으로 구성되어 있기 때문에 템플릿을 적용하기 전에 슬라이드가 추가되어 있어야 합니다.

❶ 카드뉴스 템플릿을 선택합니다.

❷ 템플릿의 첫 번째 장을 클릭하여 적용합니다.

❸ 오른쪽의 슬라이드 추가버튼을 클릭하여 슬라이드를 추가합니다.

❹ 다음 슬라이드로 이동합니다.

❺ 템플릿의 두 번째 장을 선택합니다.

같은 방법으로 다음 장을 계속 추가하여 패키지 템플릿을 적용합니다.

단일 템플릿과 패키지 템플릿 구분하기

패키지 템플릿

템플릿 중 다음처럼 오른쪽 하단에 종이를 접은 표시가 있으면 패키지 템플릿입니다. 종이 접은 표시가 없으면 모두 단일 템플릿입니다.

템플릿 적용 시 유의사항

템플릿을 선택하면 다음의 경고 창이 나타납니다. 현재 슬라이드의 내용이 모두 없어지고, 선택한 템플릿으로 교체된다는 경고문입니다. 작업한 내용이 없으면 교체하기를 클릭하면 되고, 작업한 내용을 보존하고 싶으면, 취소를 클릭한 후 파일의 새로 만들기를 클릭하여 새 창을 연 후 다시 템플릿을 선택하여 작업을 해야 합니다.

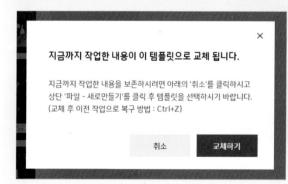

● 템플릿의 일부분만 필요할 때

망고보드에서는 여러 템플릿에서 마음에 드는 부분들만 가져올 수 있습니다. 브라우저를 2개(더 여러 개도 가능) 띄워 놓고, 복사하여 붙여올 수 있습니다.

A템플릿의 일부분을 사이즈가 다른 B템플릿에 가져오고 싶을 때는 브라우저를 하나 더 띄우고, A템플릿을 불러와 필요한 부분만 마우스로 선택하여 복사합니다. B템플릿으로 이동하여 붙여넣기를 한 후, 색상과 폰트를 조화롭게 맞추면 됩니다.

● 템플릿의 크기를 바꾸고 싶을 때

SNS 템플릿을 사용하여 배너를 만들고자 할 경우, 원하는 템플릿을 선택한 후, 크기변경을 하여 바꿀 수 있습니다.

SNS 사이즈

배너 사이즈

TIP ┆ 무료 사용자일 경우 템플릿 사용 주의사항

망고보드는 매주 새로운 디자인의 템플릿을 출시합니다. 출시된 기간에 따라 무료 사용자는 약간의 사용제한이 있습니다. 신규 템플릿은 출시 1개월 동안은 무료 사용자에게는 사용이 제한되고, 1개월이 지난 다음에는 자유롭게 사용할 수 있습니다.

다음과 같이 잠금 상태로 되어 있는 템플릿은 출시일 기준으로 1개월 동안 사용할 수 없고, 1개월이 지나면 자유롭게 사용할 수 있습니다.

다음과 같이 템플릿을 적용했을 때 디자인 요소에 워터마크가 붙어 있는 경우가 있습니다. 이 경우 유료 이미지를 지우고 무료 이미지를 사용하면 됩니다. 워터마크가 나타난 텍스트일 경우는 텍스트의 폰트를 일반폰트로 바꾸면 워터마크가 사라집니다.

Chapter 3

망고보드 더 잘 활용하기

앞에서 망고보드의 기본기능을 알아보았다면 이제 망고보드의 더 깊이 있는 내용을 알아볼 차례입니다. 다른 디자인 프로그램에서 볼 수 없는 망고보드만이 가지고 있는 기능인 차트, 지도, 표, 워드 클라우드 등 데이터를 더 편하게 활용할 수 있는 기능과 이미지, PDF, 동영상, GIF 애니메이션 등 다양한 콘텐츠를 완성하는 방법을 3장에서 자세히 알려드립니다.

CONTENTS

MANGCboard

01 망고보드 지도 활용하기

망고보드는 다양한 지도 이미지를 제공합니다. 지도 이미지는 벡터 이미지로 제작되어 원하는 색을 맞출 수 있는 장점이 있습니다.

또, 지도는 이미지 형태의 지도도형과 데이터를 넣을 수 있는 지도 두 가지를 지원하기에 다채로운 디자인을 구성할 수 있습니다.

🍈 꼭 필요한 망고보드 지도

간단한 클릭과 입력만으로 맞춤형 위치 데이터 기반 지도 제작이 가능합니다.

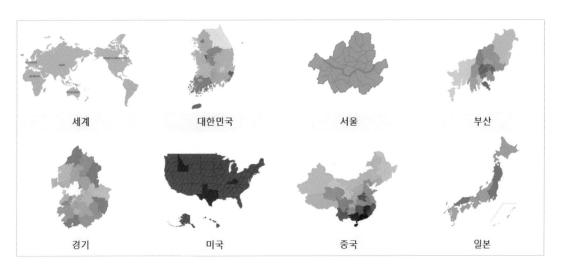

| 세계 | 대한민국 | 서울 | 부산 |
| 경기 | 미국 | 중국 | 일본 |

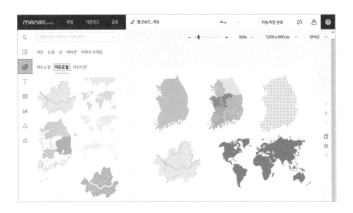

망고보드 지도의 종류

지도도형

그래픽의 지도도형을 클릭하면 이미지 형
태로 제공하는 지도를 찾을 수 있습니다.
우리나라 지도부터 세계 지도까지 다양한
지도 이미지가 제공됩니다.

지도

그래픽의 차트·지도·표를 클릭하면 세계,
대한민국, 서울, 부산, 경기, 미국, 중국,
일본의 지도를 찾을 수 있습니다. 지도에
서 제공되는 지도는 각 지역별로 지명과
색을 선택하여 넣을 수 있습니다.

● 망고보드 지도도형의 특징

지도도형의 지도는 원하는 색으로 바꿀 수 있고, 불투명도를 조절하여 배경과 어울리는 지도를 표현할 수 있습니다.

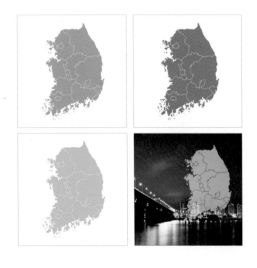

단색으로 적용할 수 있는 지도도형

지도의 색이 단색으로 되어 있으면 전체적으로 한 가지 색으로
설정할 수 있습니다. 또 모든 지도도형은 불투명도를 조절할 수
있습니다.

여러 색으로 적용할 수 있는 지도도형

지도의 색이 여러 색으로 되어 있으면 각각의 색을 다른 색으로 설정할 수 있습니다. 또 모든 지도도형은 불투명도를 조절할 수 있습니다.

● 지도 옵션으로 더 자세히 표현하기

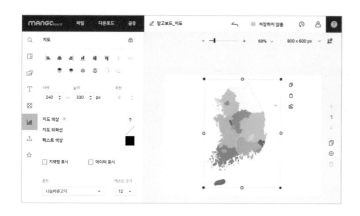

지도 옵션

그래픽의 차트·지도·표를 클릭하여 대한민국 지도 중 하나를 슬라이드에 추가합니다. 추가된 지도를 선택하면 옵션 창에 지도에 관한 옵션이 나타납니다.

전체 지도 색 바꾸기

❶의 ?색버튼을 선택하면 지도 전체의 색을 바꿀 수 있습니다.

TMI

색버튼의 ?는 여러 색으로 구성되어 있는 디자인 요소가 선택되었을 때 나타납니다. ?를 클릭하여 다른 색을 선택하면 전체가 동일한 색으로 변합니다.

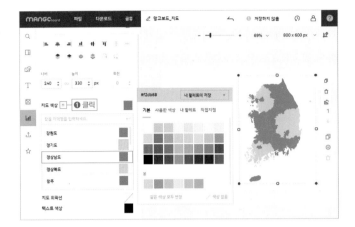

지역별 지도 색 바꾸기

❶의 지도 색상을 클릭하면 각 지역별로 다른 색을 지정할 수 있습니다.

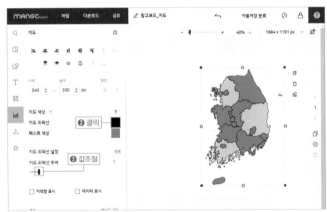

❷의 지도 외곽선 색버튼을 클릭하여 외곽선의 색을 선택하고, ❸외곽선의 두께를 조절할 수 있습니다.

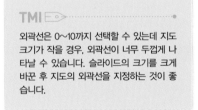

TMI

외곽선은 0~10까지 선택할 수 있는데 지도 크기가 작을 경우, 외곽선이 너무 두껍게 나타날 수 있습니다. 슬라이드의 크기를 크게 바꾼 후 지도의 외곽선을 지정하는 것이 좋습니다.

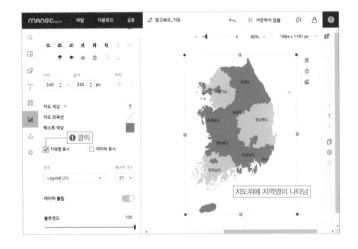

지역명 표시하기

❶의 지역명 표시를 클릭하면 지도에 모든 지역명이 나타납니다.

지역명을 표시하는 폰트와 크기, 색을 수정할 수 있습니다.

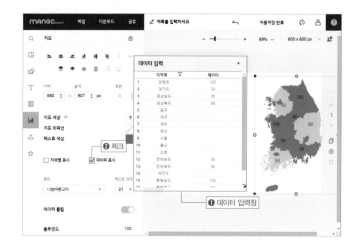

지역별 데이터 표시하기

슬라이드의 지도를 더블클릭하면 ❶의 데이터입력창이 나타납니다.

지역별로 데이터를 입력하고, ❷의 데이터 표시를 클릭하면 슬라이드의 지도에 입력된 값이 표시됩니다.

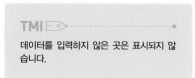

TMI

데이터를 입력하지 않은 곳은 표시되지 않습니다.

EXERCISE

지도기반 인포그래픽 만들기

지도 데이터를 자유롭게 활용하여 인포그래픽을 만들어 봅니다.

정보나 자료, 지식을 한눈에 알아보기 쉽게 표현하는 인포그래픽! 특히, 지도를 활용해 특정 위치나 데이터를 표시하는 경우가 많은데요. 망고보드의 세계 지도, 우리나라 지도 등 다양한 지도를 활용해 콘텐츠에 어울리는 인포그래픽을 만들어 보세요. 빠르고 명확하고 심플하게! 눈에 쏙쏙 들어오는 인포그래픽의 신이 되어 보아요.

10년간 도별 소비자물가 상승률	
내용	충청북도 : 35.8 충청남도 : 35.0 전라북도 : 34.5
콘셉트	심플한 디자인, 데이터가 눈에 잘 띄도록 함
폰트	제목 : 노트산스B 내용 : 노트산스
사이즈	600*800

지도기반 인포그래픽 만들기

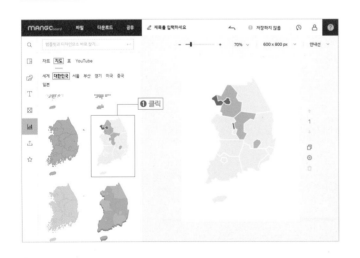

1. 지도 추가하기

기능탭의 차트·지도·표를 클릭 후, 지도의 대한민국을 클릭합니다.

❶의 지도를 추가합니다.

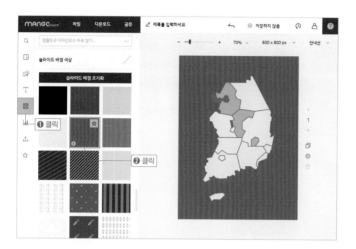

2. 배경 바꾸기

❶배경을 클릭하여 ❷의 배경패턴을 선택합니다.

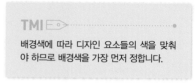

TMI

배경색에 따라 디자인 요소들의 색을 맞춰야 하므로 배경색을 가장 먼저 정합니다.

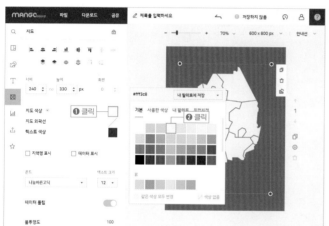

3. 전체 지도색 바꾸기

지도를 선택한 후, ❶?로 되어 있는 색상버튼을 클릭하여 ❷의 색으로 바꿉니다.

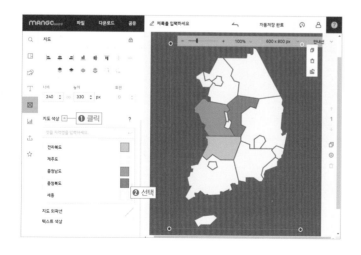

4. 지역별 지도색 바꾸기

❶의 지도색상을 클릭합니다.
❷해당 지역의 색상버튼을 선택하여 하나하나 색을 바꿉니다.

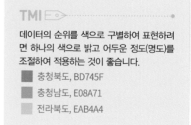

TMI

데이터의 순위를 색으로 구별하여 표현하려면 하나의 색으로 밝고 어두운 정도(명도)를 조절하여 적용하는 것이 좋습니다.
충청북도, BD745F
충청남도, E08A71
전라북도, EAB4A4

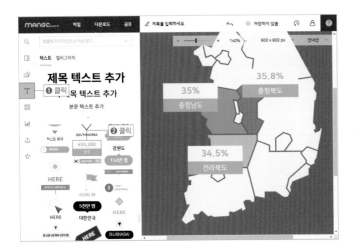

5. 패널 추가하기

❶텍스트 탭을 클릭하여 ❷의 디자인 텍스트를 슬라이드에 추가합니다. 디자인 텍스트를 더블클릭하여 ❸내용을 수정합니다. 다른 지역도 복사하여 수정합니다.

6. 제목 리본 추가하기

❶텍스트 탭을 클릭하여 ❷제목 디자인 텍스트를 슬라이드에 추가합니다. ❸디자인 텍스트를 더블클릭하여 내용을 수정합니다. 제목 배경의 색상을 다른 디자인 요소의 색상과 같게 변경합니다.

10년간 도별 소비자물가 상승률

35.8%
충청북도

35%
충청남도

34.5%
전라북도

http://www.mangoboard.net/publish/1170220

7. 완성하기

정렬을 확인한 후 완성합니다.

02 망고보드 차트 적용하기

망고보드는 디자인 콘텐츠에 활용하기 좋은 10가지의 차트를 제공합니다. 일반적인 차트와 달리 디자인을 더해 명확하면서도 고급스러운 차트를 꾸밀 수 있습니다. 차트를 제작하는 방법은 엑셀 또는 파워포인트의 차트와 비슷하여 쉽게 제작할 수 있습니다.

● 망고보드 차트의 종류

망고보드 차트의 종류

망고보드에는 가로막대 / 세로막대 / 선 / 영역 / 방사형 / 혼합 / 원 / 게이지 / 트리맵/ 워드클라우드 총 10가지의 차트가 있습니다. 차트는 데이터만 입력하면 10종의 차트로 데이터 시각화를 완성할 수 있습니다. 엑셀 인터페이스로 손쉽게 데이터를 입력 가능하며, 직접 입력, 구글 데이터 받기, URL 데이터 받기 등의 3가지 데이터 입력 방식을 지원합니다. 별도의 설정 변경 없이 쓸 수 있는 고품질의 차트 샘플디자인을 제공하여 강력한 커스터마이징 옵션기능으로 원하는 용도에 알맞게 수정이 가능합니다. 범례 위치, 축 출력, 최소/최대값 설정, 글자 색상, 글꼴, 색상, 수치 출력 등의 세부 설정 옵션을 지원합니다.

가로막대

가로막대 차트는 데이터의 변동이나, 항목별 비교를 표시하기 위한 차트입니다. 일반적으로 값의 차이가 크거나, 항목이 길 경우 사용합니다.

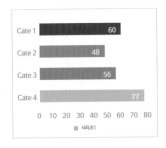

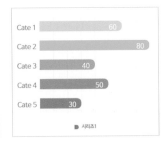

세로막대

일반적인 세로 형태의 차트를 그리는 도구입니다. 세로막대 차트는 시간의 경과, 데이터의 변동, 항목별 비교를 표현하는 차트입니다.

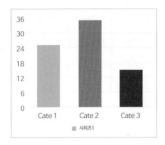
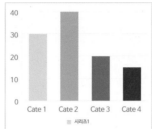
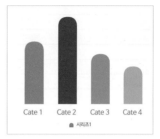

선

선 형태의 차트를 그리는 도구입니다. 선과 포인트에 디자인 요소를 가미하여 아름다운 라인차트를 완성할 수 있습니다.

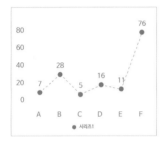
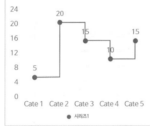
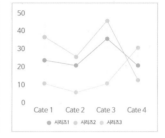

영역

영역 차트는 두 데이터의 시간에 따른 총량의 변화 등을 표현하는데 유용합니다. 데이터만 입력하면 비주얼적으로 훌륭한 영역 차트를 완성할 수 있습니다.

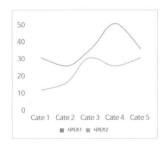
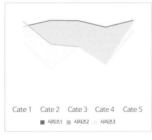
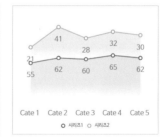

레이더

엑셀 등에서는 방사형 차트라고도 합니다. 데이터 비교 도구로 주로 사용되며, 측정 목표에 대한 평가항목이 여러 개일 때 항목 간 균형을 한눈에 볼 수 있도록 해주는 도표입니다.

혼합

혼합 차트는 막대 차트와 영역 차트, 막대 차트와 선 차트 등 차트를 조합하여 완성할 수 있습니다.

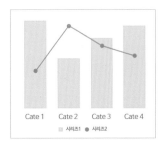 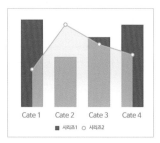 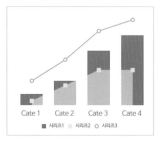

원

파이 차트는 흔히 원 차트로 알려져 있으며, 전체에 대한 비율을 표시하는 차트입니다. 디자인 요소가 추가되어 있어 쉽게 파이 차트를 완성할 수 있습니다.

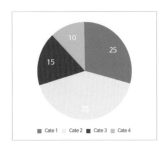 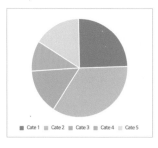 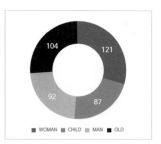

게이지

원형 차트와 비슷하지만 다이얼을 사용하여 데이터의 범위를 나타내는 데에 유용한 시각화 도구로, 차별화된 차트를 표현할 수 있습니다.

트리맵

트리맵은 비교적 간단한 데이터 시각화로서, 보기 좋은 차트입니다. 데이터를 개별 사각형의 크기 또는 색상으로 표현합니다.

  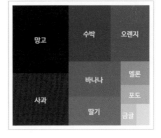

워드클라우드

워드클라우드는 데이터의 중요도나 인기도 등을 고려하여 시각적으로 배치하여 완성합니다. 키워드, 개념 등의 핵심 단어를 시각적으로 돋보이게 하는 차트입니다.

🌑 망고보드 차트 만들기

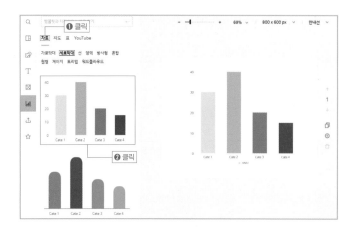

망고보드 차트 만들기

기능탭의 차트·지도·표의 ❶차트를 클릭합니다.

하단의 그래프 종류 중 세로막대를 클릭합니다. ❷의 그래프 스타일을 클릭합니다. 슬라이드에 차트가 추가됩니다.

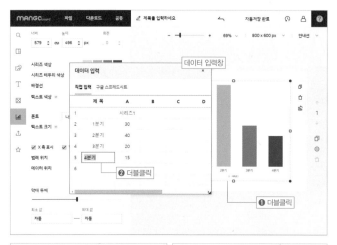

망고보드 차트 데이터 입력하기

슬라이드에 추가된 차트를 ❶더블클릭하면 데이터입력창이 나타납니다.

❷원하는 부분을 더블클릭 데이터를 수정하면 됩니다.

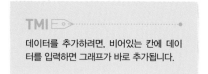

TMI
데이터를 추가하려면, 비어있는 칸에 데이터를 입력하면 그래프가 바로 추가됩니다.

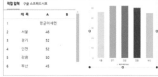

항목이 하나일 때

항목이 두 개일 때

● 망고보드 차트 옵션 쓰임새

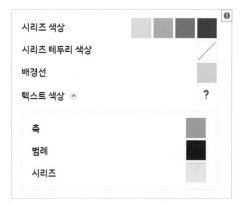

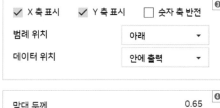

망고보드 차트 옵션

❶색상

시리즈 색상 차트의 색상을 각각 변경할 수 있습니다.

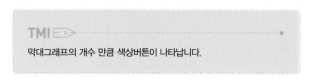

막대그래프의 개수 만큼 색상버튼이 나타납니다.

시리즈 테두리 색상 막대그래프의 테두리 색상을 추가합니다.
배경선 차트 기준선의 색을 정합니다.
텍스트 색상 축/범례/시리즈의 컬러를 정합니다.

❷폰트와 텍스트 크기

폰트 차트 전체에 동일한 폰트를 선택합니다.
텍스트 크기 더보기를 클릭하면, 축/범례/시리즈 각각 텍스트의 크기를 다르게 지정할 수 있습니다.

❸축표시

축표시 X축과 Y축의 표시를 선택할 수 있습니다.
숫자 축 반전 그래프의 방향을 반대 방향으로 바꿀 수 있습니다.
범례 위치 범례의 위치를 표시안함/위/아래오른쪽/왼쪽 중 선택할 수 있습니다. **데이터 위치** 표시안함/안에 출력/밖에 출력 중 선택할 수 있습니다.

❹막대 두께

막대 그래프의 두께를 0.1 ~ 1 사이에서 조절할 수 있습니다.

❺최소값과 최대값

기본은 자동으로 되어 있습니다. 원하는 값을 입력할 수 있고, −데이터가 있을 경우 최소값을 −값으로 입력할 수 있습니다.

차트의 데이터 또는 서식을 수정하려면 슬라이드에 추가된 차트를 더블클릭하면 됩니다. 다시 차트 편집창이 열려 모든 내용을 수정할 수 있습니다.

망고보드의 차트에 구글 스프레드시트의 데이터를 넣을 수 있습니다. 방법은 3장 10.망고보드에 엑셀 데이터 가져오기(p235)에 자세히 설명되어 있습니다.

🔵 망고보드 차트로 만든 인포그래픽 제작 사례

망고보드의 차트와 다른 디자인 요소를 결합하여 다양한 인포그래픽을 만들 수 있습니다

▶ http://www.mangoboard.net/publish/831875

EXERCISE

인포그래픽 차트 만들기

망고보드의 다양한 차트를 이용하여 인포그래픽을 만들어 봅니다.

딱딱하고 밋밋한 차트보다는 정보를 좀 더 쉽게 효과적으로 보여줄 수 있는 디자인 차트에 도전해 보세요. 망고보드의 다양한 차트 기능을 활용하면 보다 고급스러운 인포그래픽 차트를 만들 수 있습니다. 연도별 증가 추세, 비율 등을 영역차트와 아이콘을 이용해 전문가가 만든 듯한 퀄리티로 완성해 보세요.

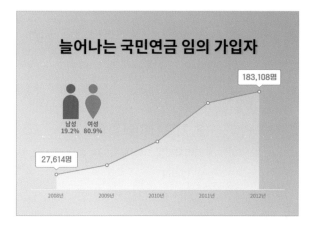

늘어나는 국민연금 임의 가입자		
내용	2008년 27,614	
	2009년 44,555	
	2010년 89,545	
	2011년 161,611	
	2012년 183,108	
	남성 19.2%	
	여성 80.9%	
색 콘셉트	차분한 베이지톤	
폰트	제목 : 노트산스B 강조 : 잉크립퀴드 내용 : 노트산스	
사이즈	A4 가로 (842*595)	

EXERCISE

인포그래픽 차트 만들기

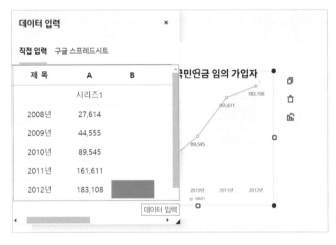

1. 차트 추가하기

슬라이드의 사이즈를 A4 가로(842*595)로 맞추고, ❶제목 텍스트를 입력합니다.
❷차트·지도·표−차트−영역을 클릭하여 ❸의 영역차트를 추가합니다.

2. 차트 데이터 입력하기

영역차트를 더블클릭하여 차트 데이터 창을 엽니다.
제시한 데이터를 차례로 입력하고, 필요 없는 부분은 삭제합니다.

차트에는 숫자만 입력합니다.
27,617 (X) → 27617 (O)

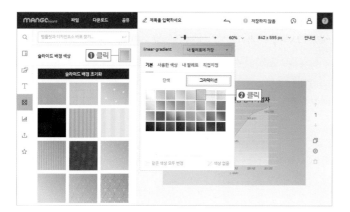

3. 배경 바꾸기

❶배경색상을 클릭하여 다음의 ❷그라데
이션 배경을 선택합니다.

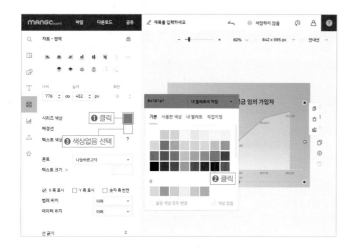

4. 차트 색상 바꾸기

❶의 시리즈 색상버튼을 클릭하여 ❷다음
의 색으로 선택합니다.

❸의 배경선 색상버튼을 클릭하여 색상
없음을 선택합니다.

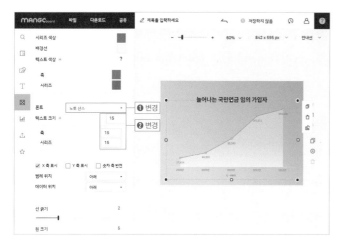

5. 차트 텍스트 바꾸기

텍스트의 색상버튼을 클릭하여 시리즈와
같은 색상으로 설정합니다.

❶폰트를 노토산스로 바꿉니다.

❷텍스트의 크기를 선택하여 축, 범례, 시
리즈의 크기를 정합니다.

실제 필요한 부분은 축부분입니다.

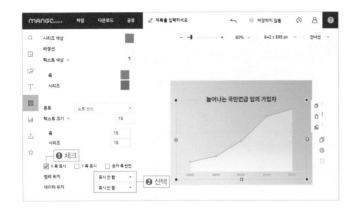

6. 축 설정하기

❶의 X축표시를 체크하고,
❷범례 위치와 데이터 위치는 표시 안함
으로 설정합니다.

7. 패널 추가하기

검색창에 패널을 검색하여, ❶의 디자인
텍스트를 추가합니다.

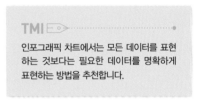

TMI

인포그래픽 차트에서는 모든 데이터를 표현
하는 것보다는 필요한 데이터를 명확하게
표현하는 방법을 추천합니다.

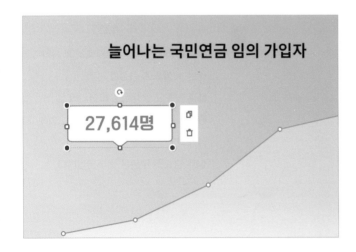

8. 패널 수정하기

디자인 텍스트를 선택한 후, 그룹해제를
하여 필요 없는 부분은 지우고, 내용을 수
정합니다. 폰트와 색도 변경합니다.

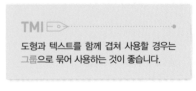

TMI

도형과 텍스트를 함께 겹쳐 사용할 경우는
그룹으로 묶어 사용하는 것이 좋습니다.

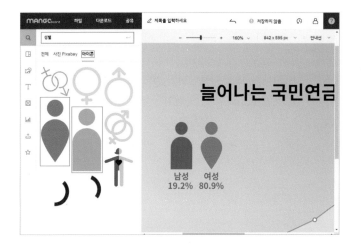

9. 아이콘 추가하기

검색창에서 성별을 검색합니다.

다음의 남녀 아이콘을 추가한 후, 색을
변경합니다.

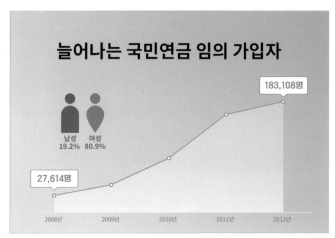

10. 완성하기

내용을 정돈한 후 완성합니다.

http://www.mangoboard.net/publish/1171671

03 망고보드 표 만들기

많은 데이터를 깔끔하게 정리하기 위해서 표를 이용합니다. 망고보드의 표는 자체만으로도 스타일을 꾸밀 수 있고, 다른 디자인 요소와 더불어 디자인 콘텐츠로 활용하기에도 편리하게 구성되어 있습니다.

● 망고보드 표의 특징

텍스트 입력만으로 빠르고 간편하게 산뜻한 디자인의 표 제작이 가능합니다. 표는 엑셀 인터페이스로 손쉽게 데이터를 입력 가능하며, 직접 입력, 구글 데이터 받기, URL 데이터 받기의 3가지 데이터 입력 방식을 지원합니다. 별도의 설정 변경 없이 쓸 수 있는 고품질의 표 샘플 디자인을 제공하여 강력한 커스터마이징 옵션으로 용도에 알맞게 수정이 가능합니다. 표 전체의 행/열 개수 설정, 글꼴, 글꼴 크기, 글꼴 색상, 선 색상, 정렬, 셀 높이 등의 세부 설정 옵션을 지원합니다.

A	B	C
더블클릭 입력		

A	B	C
더블클릭 입력		

A	B	C
더블클릭 입력		

A	B	C
더블클릭 입력		

A	B	C
더블클릭 입력		

● 망고보드 표를 활용한 디자인 사례

▶ http://www.mangoboard.net/publish/835308

● 망고보드 표 만들기

망고보드 표 만들기

기능탭의 차트·지도·표의 ❶표를 클릭합니
다. 원하는 ❷표 스타일을 클릭하면, 슬라
이드에 표가 추가됩니다.

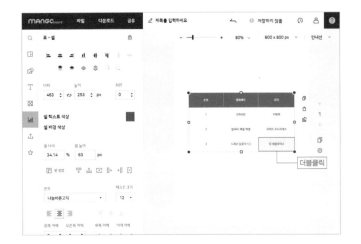

망고보드 표에
데이터 입력하기

표의 원하는 칸을 더블클릭하여 데이터를
입력합니다.

키보드의 tab키를 누르면 다음 칸으로 이
동합니다.

망고보드 표 간격 조절하기

표를 더블클릭한 후 경계선에 마우스를 올
려 놓으면 간격조절 커서가 나타납니다.

커서를 이용하여 가로세로의 간격을 조절
할 수 있습니다.

TIP | 망고보드 표에 엑셀 데이터 넣기

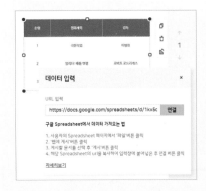

망고보드의 표에 구글 스프레드시트의 데이터를 넣을 수 있습니다.

방법은 3장 10.망고보드에 엑셀 데이터 가져오기(p235) 에 자세히 설명되어
있습니다.

● 망고보드 표 편집하기

전체적인 슬라이드 옵션 조절하기

슬라이드의 표를 클릭하면 옵션창에 표에 관한 옵션이 나타납니다.

❶색상

셀 텍스트 색상 / 헤더 배경 색상 / 헤더 구분선 / 행 색상 / 행 구분선 등을 한 번에 변경할 수 있습니다.

❷행과 열 / 헤더

행과 열의 수를 조절합니다.

헤더는 표 제목줄의 표시를 결정합니다.

헤더=0   헤더=1   헤더=2

❸ 폰트 / 정렬 / 여백

폰트의 종류와 크기, 데이터의 가로 / 세로 정렬과 각 칸의 여백을 조절합니다.

상세한 슬라이드 옵션 조절하기

슬라이드의 표를 더블클릭하면 옵션창에 좀 더 상세한 표의 옵션이 나타납니다.

❶셀너비 / 높이

선택한 셀의 너비를 비율로 정하고 높이는 px로 입력할 수 있습니다.

❷셀 병합

선택한 여러 개의 셀을 병합합니다.

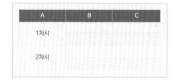

❸행과 열 편집

행과 열을 추가하거나 삭제합니다.

EXERCISE

이벤트 당첨자 발표문

망고보드 표기능을 이용하여 '이벤트 당첨자 발표문' 콘텐츠를 만들어 봅니다.

교육 홍보물, 이벤트 발표물 등 텍스트를 많이 넣는 디자인 콘텐츠는 표를 이용하여 내용을 깔끔하게 정렬할 수 있습니다. 표의 다양한 옵션을 이용하여 원하는 형태를 완성해 보세요.

이벤트 당첨자 발표문	
내용	이벤트 제목, 이벤트 당첨자 명단
색 콘셉트	차분한 베이지톤
폰트	제목 : 노트산스B 강조 : 잉크립퀴드 내용 : 노트산스
사이즈	A4 가로 (842*595)

이벤트 당첨자 발표문

1. 템플릿 선택하기

기능탭–템플릿을 클릭하여, 포스터템플릿 중 ❶다음의 템플릿을 선택합니다.

경고창이 나타나면, ❷교체하기를 클릭합니다.

2. 템플릿 정돈하기

필요 없는 디자인 요소를 지우고, 제목을
수정합니다.

3. 디자인 요소 추가하기

검색창에 ❶리본을 검색한 후, 텍스트를
클릭하여 ❷의 디자인 텍스트를 추가합니
다. 디자인 텍스트의 내용을 수정합니다.

4. 표 추가하기

기능탭의 차트·지도·표의 표를 클릭하여,
❶의 표를 추가한 후, 각 셀 안에 ❷당첨
자 명단을 입력합니다.

201

EXERCISE

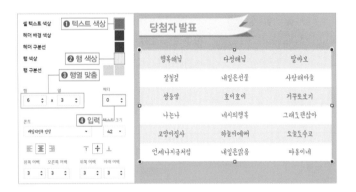

5.표 수정하기

❶셀 텍스트 색상을 제목의 색으로 바꿉니다. ❷행 색상을 하얀색과 미색으로 바꿉니다. ❸6행 3열로 맞춥니다. ❹헤더를 0으로 합니다.

폰트와 크기를 수정합니다. 다음과 같이 당첨자 명단을 입력합니다.

6.표 꾸미기

검색창에 물결을 검색한 후, 도형카테고리를 클릭하여 ❶의 디자인 도형을 추가합니다.

❷디자인 도형의 크기와 색을 다음과 같이 수정합니다.

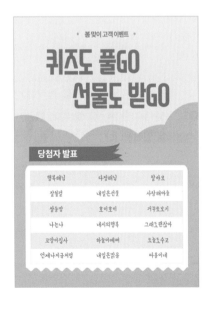

7.완성하기

내용을 정돈한 후 완성합니다.

▶ www.mangoboard.net/publish/1174169

04 망고보드 워드클라우드 만들기

워드클라우드(word cloud)는 여러 단어를 일정한 형태로 배치하여 이미지와 같이 느껴지면서도 한눈에 들어올 수 있도록 표현하는 시각화 콘텐츠입니다. 망고보드에서는 데이터의 값으로 워드클라우드를 자동으로 완성할 수 있습니다.

● 워드클라우드 사용 사례

빅데이터에서 수집되는 키워드나 데이터의 주제, 키워드, 개념 등을 직관적으로 파악할 수 있도록 단어 빈도와 중요도를 분석하여 크기와 색으로 차별화를 두고, 전체적으로 어우러지도록 배치하여 완성합니다. 한눈에 중요한 키워드를 인식시키고, 전체를 이해하도록 도와줍니다.

출처 : pixabay.com

● 워드클라우드 만들기

워드클라우드 만들기

기능탭의 차트·지도·표의 ❶워드클라우드
를 클릭 후 ❷다음의 워드클라우드 스타
일을 클릭합니다.

슬라이드에 워드클라우드가 추가됩니다.

● 워드클라우드 데이터 입력하기

워드클라우드 데이터 입력하기

슬라이드 안의 워드클라우드를 더블클릭하면 데이터 입력창이 나타납니
다.

❶워드클라우드 텍스트

제목 항목에 입력된 텍스트가 워드클라우드에 나타나는 텍스트입니다.
추가할 수 있는 텍스트의 수는 제한이 없습니다. 원하는 키워드를 모두
넣을 수 있습니다.

TMI

같은 텍스트는 중복 입력할 수 없습니다.

❷텍스트의 크기

A항목 값의 차이로 텍스트 크기가 달라집니다. 입력하는 값의 최대값과
최소값의 차이를 비율에 적용하여 크기가 결정됩니다.

값의 차이가 크면 텍스트의 크기 차이가 커집니다.

❸첫 행 비워두기

워드클라우드 데이터 입력창의 첫 행은 비워두고, 두 번째 행부터 입력합
니다.

워드클라우드 옵션 조절하기

❶워드클라우드 색상버튼

각 색상버튼을 선택하여 모두 바꿀 수 있습니다.

❷텍스트의 폰트

폰트의 종류를 선택할 수 있습니다.

❸글자 크기

최소 글자와 최대 글자의 크기를 제한할 수 있습니다.

−최소 글자 크기: 10∼50

−최대 글자 크기: 50∼200

폰트와 색상을 바꿔서 완성한 워드클라우드

망고보드 워드클라우드 디자인 사례

▶ http://www.mangoboard.net/publish/258441

05 망고보드 이미지 다운로드하기

망고보드에서 만든 디자인 콘텐츠를 SNS 채널에 활용하기 위해 파일로 저장해야 합니다.
망고보드에서 저장할 수 있는 파일의 종류는 이미지파일 PNG, JPG, PDF와 동영상파일
MP4파일로 선택하여 저장할 수 있습니다.

● 망고보드 이미지 다운로드

망고보드 이미지 다운로드 선택창

❶이미지의 형식

이미지를 PNG 또는 JPG로 선택할 수 있
습니다.

❷크기

다운로드할 디자인 콘텐츠의 크기를 선택
할 수 있습니다.

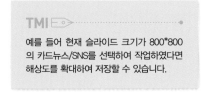

예를 들어 현재 슬라이드 크기가 800*800
의 카드뉴스/SNS를 선택하여 작업하였다면
해상도를 확대하여 저장할 수 있습니다.

❸슬라이드

여러 장의 슬라이드로 작업하였을 경우 전
체 슬라이드를 선택하여 모두 한 번에 저
장할 수도, 슬라이드 번호를 지정하여 따
로 저장할 수도 있습니다.

원본 800*800

1.5배 1200*1200

2배 1600*1600

전체 슬라이드 다운로드 : <파일명> 건강한 샐러드_카드뉴스.ZIP

1.png	2.png	3.png	4.png	5.png

3번 슬라이드 지정 다운로드 : <파일명> 건강한 샐러드_카드뉴스.png

전체 슬라이드를 선택하였을 경우는 현재 템플릿 제목의 압축파일로 저장됩니다. 슬라이드 지정은 선택한 슬라이드가 현재 템플릿 제목의 파일로 저장됩니다.

❹이미지 합치기

온라인 쇼핑몰에 따라 상세페이지가 모두 한 장으로 이어져야 하는 경우가 있습니다. G마켓, 옥션 등이 그러한대요. 망고보드에서 상세페이지를 나눠서 작업해도 다운로드할 때는 한 장으로 이어주는 기능입니다. 한 장씩 따로 세심하게 작업할 수 있는 매우 편리한 기능입니다

TMI

슬라이드 지정 저장은 여러 장의 슬라이드를 작업하여 다운로드한 후, 일부분만 수정하여 다시 다운로드해야 할 경우 많이 사용합니다.

이미지 합치기로
다운로드한 경우

일반적으로 다운로드한 경우

● 망고보드 인쇄용 PDF 다운로드하기

망고보드에는 일반적인 PDF파일 저장과 인쇄용 PDF파일 저장의 두 가지 방법이 지원됩니다. 제작한 디자인 콘텐츠는 실사 인쇄가 가능하여 배너나 현수막 또는 책, 명함과 같은 인쇄물 작업을 직접 할 수 있습니다. 실사 인쇄를 할 경우 PDF형식의 인쇄용을 꼭 체크해야 합니다.

일반 PDF 다운로드

❶다운로드의 PDF를 클릭하여 ❷일반을 선택합니다.

❸슬라이드 선택에서 전체 슬라이드를 모두 저장할 수도 있고, 부분의 슬라이드만 저장할 수 있습니다.

❹다운로드를 클릭하여 저장합니다.

인쇄용 PDF 다운로드

다운로드의 PDF를 클릭하여 ❶인쇄용을 선택합니다.

인쇄용 색상인 ❷CMYK 색상을 선택하면 기존 RGB 색상을 CMYK 색상으로 바꿔줍니다.

❸텍스트 벡터 전환을 클릭하면 인쇄 시 텍스트가 정상적으로 나오도록 텍스트를 벡터 형태로 바꿔줍니다.

❹슬라이드 선택에서 전체 슬라이드를 모두 저장할 수도 있고, 부분의 슬라이드만 저장할 수도 있습니다.

❺다운로드를 클릭하여 저장합니다.

인쇄소에 파일을 보낼 때 꼭 "텍스트를 깨 주세요."하는 요청을 받게 됩니다. 텍스트를 그대로 보내면, 폰트의 유무에 따라 다른 폰트로 바뀌져서 원래 작업한 글꼴 형태로 출력되지 않는 경우가 많기 때문입니다. 망고보드에서는 이러한 문제를 해결하기 위해 텍스트 벡터 전환이라는 기능을 제공합니다. 실물 인쇄를 할 경우에는 꼭 텍스트 벡터 전환을 체크하세요.

● 망고보드 인쇄용 PDF 가이드

망고보드는 웹에서 HTML로 작업되기 때문에 인쇄용 PDF로 저장할 경우 화면과 차이가 발생할 수 있습니다. 다음의 내용을 참고하여 인쇄용 PDF를 다운로드하기 바랍니다.

TMI

망고보드는 크롬 웹브라우저에 최적화되어 있기 때문에 크롬에서 작업하고 다운로드하는 것을 권장합니다.

에디터 화면　　　　　　　　인쇄용PDF 파일

사진 필터 적용

망고보드에서 필터를 적용한 이미지는 제대로 저장을 못하는 경우가 있습니다. 100%(실제 크기) 이상으로 확대 시 사진이 깨져 보일 수 있습니다.

텍스트 속성 밑줄, 굵게, 기울기

텍스트의 밑줄, 굵게를 적용한 경우, PDF에서는 미적용으로 출력됩니다. 또 기울기를 적용하였을 경우, 텍스트의 위치가 바뀔 수 있습니다.

에디터 화면   인쇄용PDF 파일

텍스트 줄바꿈

텍스트 박스의 좌우 너비를 줄여 줄바꿈을 적용하였을 경우, PDF에서는 정상적으로 적용되지 않습니다. 줄이 바뀌는 부분에서 엔터를 눌러 줄을 바꿔 주어야 정상적으로 출력됩니다.

에디터 화면   인쇄용PDF 파일

폰트 특수문자

폰트마다 지원하는 특수문자와 한자가 다릅니다.

영문 폰트의 경우 대부분 '특수문자'를 지원하지 않습니다. 특수문자를 사용하려면 '한글폰트'를 사용합니다.

에디터 화면   인쇄용PDF 파일

한자가 PDF에서 출력되지 않는 경우, 다른 폰트로 바꿔 사용하길 바랍니다. 폰트마다 지원하는 특수문자와 한자가 다르기 때문에 한자가 출력되지 않는 경우도 있습니다.

특수문자와 한자가 PDF에서 출력되지 않는 경우, 다른 폰트로 바꾸어 PDF 다운로드를 다시 시도해 주십시오.

한글 폰트 노토산스B   한글 폰트 배달의 민족 한나

폰트 지원 언어

영문 폰트로 설정 후, 한글을 입력한 경우, PDF 출력 시 한글 부분이 '공란'으로 처리됩니다. 한글을 입력한 경우, 폰트를 반드시 '한글 폰트'로 변경해 주세요.

인쇄 전 일러스트에서 꼭 확인할 것을 권해 드립니다.

에디터 화면   인쇄용PDF 파일

그 외 예상 문제점

- 스페이스바를 여러 번 입력해 공백 처리한 부분은 PDF 출력 시 공백 간격이 다르게 나올 수 있습니다.
- 선 최소 굵기 처리로 인해 PDF에서는 선이 에디터 화면보다 굵게 표현될 수 있습니다.
- YouTube 동영상을 삽입한 경우 동영상은 PDF에서 정상적으로 출력되지 않습니다.
- 대용량 고해상도 사진이 포함된 경우 컴퓨터 사양에 따라 브라우저 동작이 멈출 수 있습니다.
- PDF 연속 변환 시 컴퓨터 사양에 따라 브라우저 동작이 멈출 수 있습니다.
- 많은 수의 슬라이드 변환 시 컴퓨터 사양에 따라 브라우저 동작이 멈출 수 있습니다.

출처 : 망고보드 PDF 인쇄 가이드 http://www.mangoboard.net/publish/707783

Chapter 3

PDF 편집하기

다운로드받은 PDF의 용량을 줄이거나, 나누거나, 합치고 싶을 땐 smallpdf.com에서 해당 작업이 가능합니다.

06 망고보드 다이나믹 (움직이는 애니메이션)만들기

온라인 쇼핑몰에서 상품이 계속 바꿔가며 보이는 이미지, 또는 "마감임박"이라고 깜빡거리는 배너를 본 적이 있나요? 영화나 동영상의 재밌는 부분을 반복하여 돌아가도록 만든 움짤을 보신 적이 있나요? 가만히 있어도 여러 이미지를 자동으로 반복하도록 만든 것을 다이나믹, '움직이는 애니메이션'이라고 합니다.

● 망고보드 다이나믹의 특징

망고보드 다이나믹이란

- 여러 이미지를 모아 반복적으로 보이도록 설정하고, 하나의 이미지로 압축한 형태입니다.
- 디지털 이미지 중 하나로, GIF/MP4 두 가지 포맷으로 저장됩니다.
- 용량이 적고, 웹이나 문서에 쉽게 넣을 수 있어서 특히 온라인 쇼핑몰에서 많이 활용됩니다.
- 배너를 눈에 띄게 하거나, 클릭 부분을 깜빡거리게 하여 클릭을 유도할 수 있습니다.
- 상품의 여러 가지 컬러를 보여주거나, 여러 각도의 장면을 이어서 보여주는 등 입체감 있는 상품 설명에 효과적입니다.

강조하고 싶은 요소 선택

GIF/MP4로 다운로드

망고보드 다이나믹 제작 과정

STEP 1 슬라이드를 디자인 합니다 ▶ **STEP 2** [다운로드]의 [다이나믹]을 클릭합니다 ▶ **STEP 3** 강조 요소와 강조 효과를 선택합니다 ▶ **STEP 4** 미리보기로 확인 후, [다운로드] 합니다

● 망고보드 다이나믹 옵션

❶강조 효과

강조 효과를 적용을 위해 사용을 클릭합니다.

❷강조할 요소

슬라이드의 디자인 요소를 망고보드 프로그램 크기별로 자동 분류합니다.

디자인 요소가 많으면, 하나하나 눌러서 어떤 디자인 요소가 바뀌는지 화면을 통해 확인합니다.

❸기타

움직임을 주고 싶지 않은 디자인 요소를 고정하는 옵션입니다. 편집창에서 미리 잠금을 선택하고 다이나믹 창에서 기타의 잠금 요소 고정을 선택합니다.

❹확장자

저장하고자 하는 파일의 형식은 GIF, MP4중 선택할 수 있습니다.

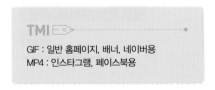

TMI

GIF : 일반 홈페이지, 배너, 네이버용
MP4 : 인스타그램, 페이스북용

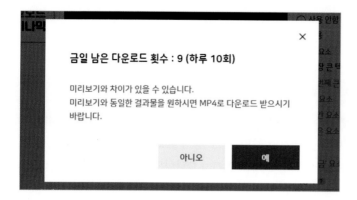

❺슬라이드 수, 재생시간, 크기가 바로 나타나고, 미리보기로 효과를 확인합니다.

❻다운로드합니다.

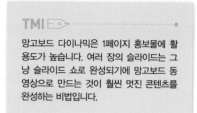

망고보드 다이나믹은 1페이지 홍보물에 활용도가 높습니다. 여러 장의 슬라이드는 그냥 슬라이드 쇼 완성되기에 망고보드 동영상으로 만드는 것이 훨씬 멋진 콘텐츠를 완성하는 비법입니다.

● 망고보드 다이나믹 강조 효과

	강조 효과 A	강조 효과 F	강조 효과 H
A	살짝 커지면서 좌우로 흔들립니다.		
B	숨을 내쉬듯 작아졌다 커졌다 합니다.		
C	맥박이 뛰는 듯한 효과, 가운데에서 작아졌다 커졌다 합니다.		
D	진동벨이 울리는 듯한 효과, 살살 흔들립니다.		
E	깜빡이는 전구 효과, 사라졌다 나타납니다.		
F	고무줄 튕기듯 작아졌다 커집니다.		
G	터널을 나오는 듯한 효과로 점점 커져서 사라집니다.		
H	좌우로 점점 커졌다 작아졌다 보이는 효과, 원근감이 느껴집니다.		
I	달리다 브레이크 잡는 효과, 점점 커지다 멈춥니다.		
J	사선으로 살짝 움직입니다.		

TIP 망고보드 다이나믹 저장 개수

망고보드에는 하루 동안 다이나믹을 저장하는 수가 정해져 있습니다. 무료 사용자는 2회, 유료 학생사용자는 5회, 유료 일반사용자는 7회, 유료 프로사용자는 10회입니다. 미리 보기는 모든 회원 무제한이므로 미리 보기를 통해 다이나믹을 확인해 보는 것이 좋습니다.

215

07 망고보드
동영상 만들기

SNS에서 소비되는 콘텐츠의 흐름이 동영상으로 바뀌고 있습니다. 구독자들은 유튜브에서 검색을 하고, 한 장 한 장 넘겨보던 카드뉴스도 동영상으로 자동 플레이되는 것을 원합니다. 이러한 동영상 시대에 맞춰 망고보드에서는 슬라이드에 작업된 디자인 콘텐츠를 동영상으로 아주 쉽게 만들 수 있습니다. 동영상의 효과는 프리셋 기능을 적용하여 쉽게 만들 수 있고, 다운로드의 동영상 저장기능을 이용하여 MP4파일로 저장할 수 있습니다. 동영상 중심의 온라인 소통방식에 발맞추어 누구라도 쉽게 영상 제작을 가능하게 합니다.

● 망고보드 동영상이란

디자인 구성 요소를 분석하여 영상으로 변환시키는 알고리즘인 프리셋을 적용하여 자동으로 영상 변환하여 MP4 파일로 사용자 PC에 다운로드할 수 있습니다. 9종의 프리셋과 슬라이드별로 프리셋의 종류나 화면전환 효과, 음향 선택이 가능하여 원하는 영상을 쉽게 완성할 수 있습니다.

카드뉴스의 구성 요소를 분석

자동으로 동영상 변환

🔵 망고보드 동영상의 특징

매우 쉽습니다

최적화된 애니메이션 효과인 프리셋을 적용하여 자동으로 쉽게 동영상을 만듭니다.

배경음악이 지원됩니다

다양한 배경음악을 넣어 동영상을 완성할 수 있습니다.

동영상의 크기를 자유롭게 설정할 수 있습니다

망고보드의 크기설정기능으로 채널에 맞게 최적화된 크기의 동영상을 쉽게 만들 수 있습니다.

인스타그램 홍보동영상

유튜브 홍보동영상

망고보드 동영상 만들기

카드뉴스로 망고보드 슬라이드를 준비한 후, 다운로드의 동영상을 클릭합니다.

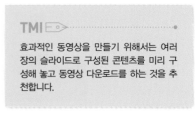

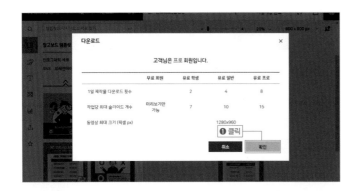

❶동영상 다운로드 횟수를 확인하고, 확인을 클릭합니다.

동영상 편집창이 나타납니다. 자동으로 ❷추천 프리셋 효과가 적용됩니다.

❸미리보기를 클릭하여 동영상을 확인합니다.

❹다운로드를 클릭합니다.

❺다운받을 수 있는 동영상의 횟수를 확인하고, 예를 클릭합니다.

❻MP4 파일의 동영상이 저장됩니다.

● 망고보드 동영상 옵션

❶프리셋 스타일

망고보드의 디자인 요소에 적용할 수 있는 애니메이션 스타일로, 현재 9가지 프리셋 스타일이 제공됩니다.

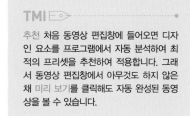

TMI

추천 처음 동영상 편집창에 들어오면 디자인 요소를 프로그램에서 자동 분석하여 최적의 프리셋을 추천하여 적용합니다. 그래서 동영상 편집창에서 아무것도 하지 않은 채 미리 보기를 클릭해도 자동 완성된 동영상을 볼 수 있습니다.

❷화면전환 효과

현재 슬라이드에서 다음 슬라이드로 넘어
가는 전환효과를 선택할 수 있습니다.

❸배경음악

무료 배경음악을 선택할 수 있습니다.
음악을 선택하면, 동영상의 시간에 맞게
음악이 조절됩니다.
시작과 끝은 자동으로 볼륨이 페이드인 /
페이드아웃 됩니다.

❹잠금요소 고정

슬라이드의 디자인 요소 중 동영상 효과를
주지 않을 요소는 편집창에서 미리 잠금을
한 후, 동영상 편집창에서 잠금요소 고정
을 선택합니다. 이렇게 되면 잠금되어 있는
요소는 프리셋 효과가 적용되지 않습니다.

❺프리셋 부분 수정

프리셋을 적용하고, 슬라이드별 효과를 따로 선택할 수 있습니다.

예를 들어, 전체적으로 프리셋1을 적용하고, 해당 페이지는 프리셋3의 내지효과를 적용하는 것입니다.

❻시간

해당 슬라이드의 재생 시간을 설정할 수 있습니다.

TIP 망고보드 동영상 저장 갯수

망고보드에서 동영상의 다운로드는 회원에 따라 다르게 지원됩니다. 유료 학생사용자는 2회, 유료 일반사용자는 4회, 유료 프로사용자는 8회입니다.

무료회원은 미리보기만 가능하고, 다운로드는 불가능합니다. 미리 보기는 모든 회원이 무제한이므로 미리 보기를 통해 동영상을 확인하고, 다운로드하는 것을 추천합니다.

EXERCISE

인스타그램에 올릴 오프닝 동영상 만들기

텍스트만 가지고도 기발하고, 눈에 띄는 영상을 만들 수 있어요.

동영상 하면, 어렵다고 생각되시죠? 어려운 프로그램을 써야 하고, 타임라인, 컷, 씬, 거기다 음악까지 맞춰야 하니 정말 어렵게 느껴집니다. 그런데 말이죠. 텍스트만 넣어도, 이미지 몇 개만 가지고도 동영상으로 쉽게 만들 수 있는 방법이 있어요. 궁금하시죠? 저와 함께 해볼까요?

오프닝 이벤트	
콘셉트	보라와 핑크로 발랄한 분위기
디자인 요소	폭죽, 물결, 점선
폰트	커밍순, 티몬 몬소리, 강변북로
사이즈	800*800

인스타그램에 올릴 오프닝 동영상 만들기

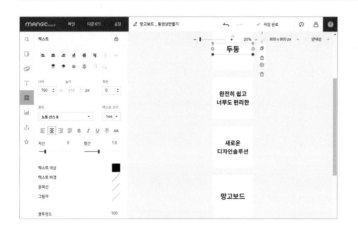

1. 슬라이드 만들기

슬라이드를 5개 만들고, 다음의 슬라이드
에 다음의 텍스트를 입력합니다.

2. 슬라이드 디자인하기

배경컬러를 바꾼 후, 눈에 띄는 폰트와 컬
러로 바꿉니다.

폭죽, 물결, 점선을 검색하여 다음과 같이
꾸며줍니다. 이런 방법으로 5장의 슬라이
드를 완성합니다.

http://www.mangoboard.net/
publish/1213224

3. 동영상 적용하기

다운로드-동영상을 선택합니다.

❶전체스타일 추천

❷화면전환 효과 효과없음

❸배경음악 Vivacity 선택합니다.

❹미리보기를 하여 확인 후, ❺다운로드
를 클릭합니다. 그럼 MP4파일로 저장됩
니다.

4. 동영상 다운로드하기

MP4파일은 다운로드폴더에 망고보드 제목이 파일명으로 자동 저장됩니다.

▶ https://youtu.be/YyL425ehZGI

08 망고보드 웹에 공유하기

망고보드에서 디자인한 콘텐츠는 파일로 다운로드하지 않고, 바로 웹으로 공유할 수 있습니다. 이벤트, 프로모션, 기업의 랜딩 페이지, 프레젠테이션 등 웹상에서 직접 활용할 수 있는 공유 방법을 알아봅니다.

● 유튜브 동영상 추가하기

망고보드 슬라이드에 영상을 추가할 수 있습니다. 영상은 유튜브만 가능합니다. 유튜브에 올라온 동영상을 망고보드 슬라이드에 추가하여 웹에서 링크로 공유하면 확인할 수 있습니다.

동영상 넣을 슬라이드 만들기

슬라이드 사이즈는 A4가로로 정하고, '나무 책상', '텔레비전', '붓자국', '훈민정음'을 검색하여 다음과 같은 슬라이드를 만듭니다.

유튜브에서
동영상 링크 가져오기

유튜브에서 원하는 동영상을 선택하면, 하단에 공유 버튼을 볼 수 있습니다. 공유를 클릭하여 유튜브 동영상의 링크를 복사합니다.

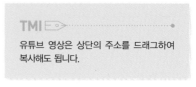

유튜브 영상은 상단의 주소를 드래그하여 복사해도 됩니다.

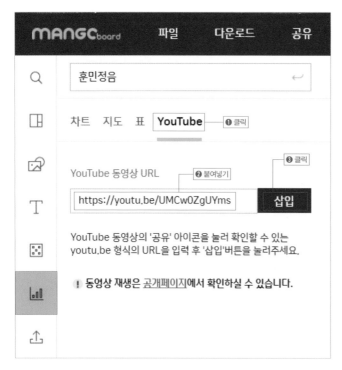

동영상 추가하기

차트·지도·표·YouTube를 클릭 후,

❶YouTube를 클릭합니다.

❷YouTube 동영상 URL 칸에 복사한 유튜브 동영상 링크를 Ctrl + V 를 눌러 붙여 넣습니다.

❸삽입을 클릭합니다.

❹슬라이드에 유튜브 동영상이 추가됩니다. 추가된 영상의 크기, 위치를 조절합니다.

망고보드 공유하기

메뉴의 공유를 클릭합니다.

공유창이 나타나면, 공개여부를 ❶공개로 선택하고,

❷바로가기를 클릭합니다.

❸의 웹주소를 복사하여 다른 채널로 공유할 수 있습니다.

기타의 사용자 갤러리 등록을 하면 망고보드 사용자 갤러리에 올릴 수 있습니다.

갤러리 주소
http://www.mangoboard.net/MangoUserGallery.do

완성된 영상 페이지

다음의 주소를 클릭하면, 웹상에 공유된 망고보드 슬라이드를 확인할 수 있습니다.

▶ http://www.mangoboard.net/publish/1213391

● 하이퍼링크 기능으로 홍보 웹페이지(랜딩 페이지) 만들기

디자인 요소에 특정의 주소로 연결할 수 있는 하이퍼링크를 연결하여, 프레젠테이션, 홍보페이지로 웹상에 공개할 수 있습니다. 망고보드의 유튜브 기능, 다이나믹 기능을 추가하여, 활동적인 홍보이미지로 웹에서 보여줄 수 있습니다. 이런 하이퍼링크는 차트, 지도, 표를 제외한 모든 디자인 요소에 삽입이 가능합니다.

TIP ┊ 랜딩 페이지란? ┊

키워드 혹은 배너 광고 등으로 유입된 인터넷 이용자가 보게 되는 마케팅 페이지를 랜딩 페이지(Landing Page)라고 합니다.

출처 : 한경 경제용어사전

URL 공개페이지의 특징

YouTube 동영상을 사용자 템플릿 본문에 삽입 및 재생이 가능하고, 작업한 사용자 템플릿을 URL로 간편하게 배포할 수 있습니다. 해당 URL 공개페이지는 PC와 태블릿PC, 모바일 환경 모두 동일하게 조회 가능합니다. 망고보드의 디자인 요소와 차트 등이 가지고 있는 인터랙티브 기능, 동영상 재생 등의 동적 데이터 시각화 기능을 확인할 수 있습니다.

URL 공개 페이지(랜딩 페이지) 제작 방법

좌측 요소 편집 탭에서 설정

텍스트, 아이콘, 사진 등 디자인 요소에 하이퍼링크를 삽입합니다.

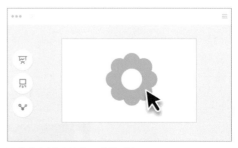

공개 페이지에서 동작 → 새 탭 이동

웹에 공유하여 페이지가 열리면, 하이퍼링크가 설정된 디자인 요소를 클릭하여 설정된 페이지로 이동할 수 있습니다.

URL 공개 페이지(랜딩 페이지) 공유하기

메뉴의 공유를 클릭합니다.

공유창이 나타나면, 공개여부를 ❶공개로 선택하면
❷바로가기에 웹주소가 나타납니다.

이 웹주소를 URL 공개 페이지(랜딩 페이지)로 사용하면 됩니다.

● 망고보드를 웹페이지에 활용하는 기업 사례

K-POP TV 프레젠테이션
http://www.mangoboard.net/
publish/1167422

[바라쿱] 조합원 모집
http://www.mangoboard.net/
publish/1167433

스토리피셔북클럽 멤버 모집
http://www.mangoboard.net/
publish/1167455

09 망고보드 이미지 업로드와 즐겨찾기

망고보드에서 내가 가지고 있는 사진을 사용할 수는 없을까? 당연히 됩니다. 망고보드에서는 회원마다 클라우드에 저장할 수 있는 저장 공간을 제공합니다. 나만의 이미지를 업로드하여 활용해 보세요.

● 이미지 업로드의 특징

망고보드 회원별 이미지 업로드 용량

회원계정	모든 사용자 (무료사용자)	학생사용자	일반사용자	프로사용자
업로드 공간	10MB	200MB	1GB	10GB

개인 사진을 업로드할 수 있는 클라우드 공간은 회원계정에 따라 차등 적용됩니다.

TMI
업로드 공간은 망고보드가 제공하는 이미지 외에 사용자 PC에 있는 이미지를 업로드할 수 있는 용량을 말합니다.

망고보드 회원별 이미지 업로드 화면

무료사용자

프로사용자

망고보드 회원별 이미지 업로드 종류

회원계정	모든 사용자 (무료사용자)	학생사용자	일반사용자	프로사용자
업로드 이미지 종류	JPG, JPEG, PNG, GIF, BMP			+ SVG

모든 사용자가 JPG, JPEG, PNG, GIF, BMP의 이미지를 업로드하여 사용할 수 있습니다. 프로계정은 추가로 SVG 이미지 업로드가 가능합니다.

TIP   SVG 이미지란?

SVG란 스케일러블 벡터 그래픽스(Scalable Vector Graphics)의 약자로 2차원 벡터 그래픽을 표현하기 위한 XML 기반의 파일 형식입니다. SVG 형식의 파일은 어도비 일러스트레이터와 같은 벡터 드로잉 프로그램을 사용하여 편집이 가능한 이미지 형식입니다.

출처: 위키피디아

🫐 이미지 업로드하기

[파일탐색기]에서 업로드하기

이미지업로드를 클릭한 후, ❶파일업로드를 클릭하여 파일탐색기를 엽니다. 파일탐색기에서 원하는 이미지를 ❷선택한 후 ❸열기를 클릭하여 업로드합니다.

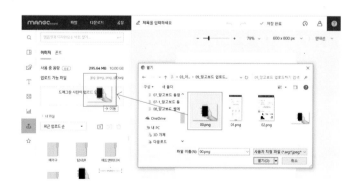

드래그하여 업로드하기

파일탐색기를 따로 열어 원하는 이미지를 마우스로 드래그 앤 드롭하여 업로드할 수 있습니다.

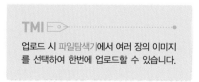

TMI

업로드 시 파일탐색기에서 여러 장의 이미지를 선택하여 한번에 업로드할 수 있습니다.

TIP

업로드 시 이미지 사이즈 줄이기

망고보드에 이미지를 업로드할 경우 이미지의 사이즈가 너무 크면, 다음의 화면처럼 자동으로 줄일 것인지를 확인하는 창이 나타납니다. 사이즈 조절여부는 선택할 수 있습니다.

● 폴더로 이미지 분류하기

업로드 폴더 만들기

❶의 새폴더를 클릭하면

❷새폴더가 생성됩니다. 폴더명을 드래그한 후 새로운 폴더명을 입력합니다.

폴더 삭제하기

❶을 체크한 후,

❷삭제를 클릭하면 폴더가 삭제됩니다.

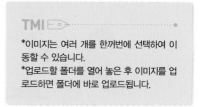

폴더 이동하기

❶의 이미지를 체크한 후,

❷이동을 클릭합니다.

❸의 이동할 폴더 선택을 하고 ❹이동을
클릭하면 이미지가 이동합니다

TMI ✏

*이미지는 여러 개를 한꺼번에 선택하여 이
동할 수 있습니다.
*업로드할 폴더를 열어 놓은 후 이미지를 업
로드하면 폴더에 바로 업로드됩니다.

● 자주 쓰는 디자인 요소 즐겨찾기에 저장하기

즐겨찾기 활용하기

망고보드에서 작업을 하다보면, 검색에 시간이 많이 드는 것을 느끼게 될 것입니다. 원하는 이미지 또는 특정 아이콘 등
취향에 따라 찾는 요소가 있는데 이러한 디자인 요소들을 즐겨찾기 해두면 시간을 많이 줄일 수 있습니다.

썸네일에 마우스 오버하여
별 표시 아이콘 눌러 등록/해제

디자인 요소 툴바에서
별 표시 아이콘 눌러 등록/해제

즐겨찾기 등록한 템플릿과 디자인 요소는
'즐겨찾기'탭에서 사용 및 확인 가능

즐겨찾기 등록하기1

❶검색한 이미지의 별모양을 클릭합니다.

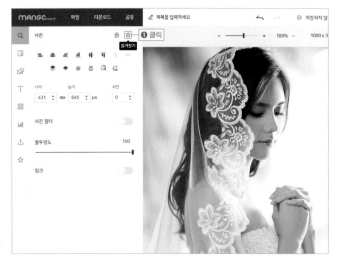

즐겨찾기 등록하기2

슬라이드에 추가한 이미지를 클릭한 후,

❶별모양을 클릭합니다.

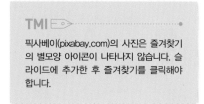

TMI

픽사베이(pixabay.com)의 사진은 즐겨찾기의 별모양 아이콘이 나타나지 않습니다. 슬라이드에 추가한 후 즐겨찾기를 클릭해야 합니다.

10 망고보드에 엑셀 데이터 가져오기

이벤트 당첨자 발표, 문화센터 프로그램 홍보물 등 텍스트를 많이 넣는 디자인과 다양한 차트에 들어가는 데이터를 직접 입력하려면 쉽지 않습니다. 대부분의 데이터는 엑셀과 같은 데이터 문서로 저장할 수 있는데, 망고보드에는 그러한 엑셀 데이터를 망고보드 슬라이드에 넣을 수 있도록 지원합니다.

● 엑셀 데이터 활용 디자인 예

막대그래프

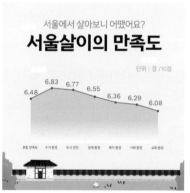

선그래프

워드클라우드

당첨자 명단

235

● 망고보드에 엑셀 데이터 넣기

망고보드에 연결할 데이터를 엑셀에 입력합니다. 입력된 데이터를 구글 스프레트시트에 추가합니다. 이때 반드시 구글에 회원가입과 로그인이 되어야 합니다. 구글 스프레드시트에 엑셀 데이터를 업로드하거나, 복사하여 붙여넣기 합니다. 처음부터 구글 스프레드시트에서 데이터를 입력해도 됩니다. 그런 후, 구글 스프레드시트를 웹게시하고, 그 링크를 망고보드에 추가하면 완성됩니다. 망고보드에 추가한 후, 구글 스프레드시트의 데이터를 수정하면 망고보드의 데이터도 자동 수정됩니다.

엑셀 데이터 추가 과정

● 구글 스프레드시트에 데이터 준비하기

	A	B	C	D
1	감사	100	❷ 값 입력	
2	겸손	99		
3	공평	98		
4	관용	97		
5	마음나누기	96		
6	믿음	95		
7	배려	94		
8	보람	93		
9	사랑	92		

❶ 데이터 입력

내용 출처 : 아름다운가치사전

❶엑셀에 데이터를 입력합니다. 또는 작업 중인 데이터를 정리합니다.

❷데이터의 중요도, 빈도수에 따라 순차적으로 적습니다. 같은 값을 입력할 수 있습니다.

구글(google.com)에 접속하여 로그인한 후 구글 드라이브(drive.google.com)를 엽니다.

❸새로 만들기를 클릭한 후,

❹Google 스프레드시트를 클릭합니다.

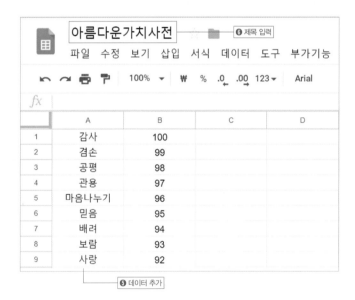

엑셀의 데이터를 '복사'한 후, 구글 스프레드시트에 '붙여넣기'하여 ❺데이터를 추가합니다. 구글 스프레드시트의 ❻제목을 입력합니다.

구글 스프레드시트 웹에 게시하기

데이터가 준비되었다면,

❶파일메뉴를 클릭하여 하단의 ❷웹에 게시를 클릭합니다.

웹에 게시창이 나타나면,

❸게시를 클릭합니다.

웹 게시는 웹상에서 링크를 통해 데이터를 읽을 수 있게 하는 것입니다.

한번 더 확인 창이 나타납니다.

❹확인을 클릭합니다.

새로운 웹에 게시 창이 나타나면, 정상적으로 실행된 것입니다.

❺X를 클릭하여 창을 닫습니다.

구글 스프레드시트의 ❻주소창을 클릭하여 모두 파랗게 선택한 후, 키보드의 Ctrl + C 를 눌러 주소를 복사합니다.

● 망고보드에 데이터 연결하기

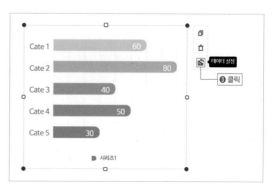

기능탭의 차트·지도·표·YouTube−차트의 ❶가로막대를 클릭합니다.

❷의 차트를 추가합니다.

차트를 선택한 후, ❸데이터 설정을 클릭합니다.

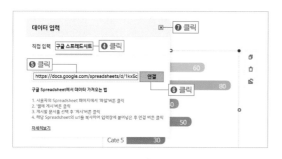

데이터 입력 창의 ❹구글 스프레드시트를 클릭하여, ❺주소창의 주소를 지우고, 복사한 링크를 붙여넣기 Ctrl + V 를 합니다.

❻연결을 클릭하고, ❼X를 클릭합니다.

그래프의 상하 길이를 늘이면, 다음과 같이 구글 스프레드시트의 데이터가 입력된 그래프가 나타납니다.

EXERCISE

워드클라우드로 홍보물 만들기

망고보드의 워드클라우드에 데이터 연결을 이용하여 키워드가 담긴 인스타그램 홍보물을 만들어 봅니다.
디자인 콘텐츠 중 키워드를 주목시킬 수 있는 좋은 재료는 워드클라우드입니다. 하지만, 데이터가 많으면 일일이 입력하기 힘들지요? 구글 스프레드시트를 이용하여 많은 키워드를 쉽게 입력하고, 디자인 콘텐츠로 활용할 수 있도록 합니다.

아름다운 가치사전	
내용	〈아름다운 가치사전〉의 24가지 단어
컬러	신뢰가 느껴지는 푸른 톤
폰트	제목 : 연애시대B 워드클라우드 : 배달의민족 주아
사이즈	SNS콘텐츠 (800*800)

워드클라우드로 홍보물 만들기

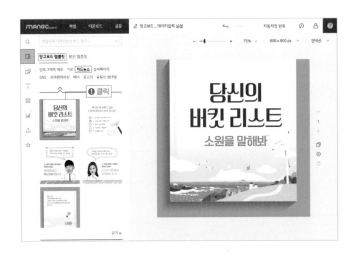

1. 템플릿 선택하기

카드뉴스 템플릿 중, 다음의 ❶템플릿을 선택하여, 1번 장만 슬라이드에 적용합니다.

2. 템플릿 정돈하기

'아름다운 가치사전'으로 제목을 변경하고,
디자인 요소의 위치를 이동합니다.

3. 구글 스프레드시트 열기

❶새 창을 열어 다음의 웹주소를 주소창에
입력합니다.

https://goo.gl/SRwpPh

위의 주소를 주소창에 입력하면, 예제로
사용할 수 있는 구글 스프레드시트가 열립
니다. ❷주소창을 클릭하여 Ctrl + C
를 눌러 구글 스프레드시트의 주소를 복사
합니다.

4. 워드클라우드 추가하기

다시 망고보드의 창으로 돌아옵니다.

기능탭의 차트·지도·표·YouTube-차
트의 워드클라우드 중 ❶을 클릭하여 슬
라이드에 추가합니다.

5. 데이터 설정하기

추가된 워드클라우드를 선택하여 ❶데이터 설정을 클릭합니다.

6. 구글 스프레드시트 연결하기

데이터입력 창의 ❶구글 스프레드시트를 클릭하여, ❷주소창의 주소를 지우고, 복사한 링크를 붙여넣기 Ctrl + V 를 합니다.

❸연결을 클릭하고,

❹X를 클릭합니다.

7. 데이터 연결 확인하기

다음과 같이 워드클라우드에 데이터가 연결됩니다.

8. 워드클라우드 꾸미기

워드클라우드를 선택하여, 폰트를 ❶배달의민족 주아로 변경합니다.

❷워드클라우드의 크기를 확대하여 슬라이드의 가운데 배치합니다.

EXERCISE

9. 배경 꾸미기

배경 이미지가 너무 진하여 텍스트를 방해한다면, 배경 이미지를 선택하여, ❶사진 필터를 켜고, ❷직접지정에서 ❸밝기의 수치를 높여 줍니다.
배경 이미지를 바꿔도 됩니다.

http://www.mangoboard.net/publish/1214727

10. 완성하기

정렬하여 완성합니다.

11 망고보드 프로기능 알아보기

● 프로사용자는 어떤 특별함이 있나요?

기업의 사용자나 개인이면서도 디자인 작업을 많이 하는 분들을 위한 계정이 바로 프로계정입니다. 이용금액이 높은 만큼 특별한 기능들이 제공됩니다. 먼저 프로사용자 간에는 템플릿을 서로 주고받을 수 있습니다. 프로사용자를 위한 유료 폰트가 9가지나 더 제공되고, 원하는 색을 저장해 놓을 수 있는 맞춤 팔레트가 지원됩니다. 망고보드 콘텐츠를 웹사이트에 올릴 수 있는 iFrame 코드가 제공됩니다. 그리고, 앞장에서 언급했던 벡터 파일인 SVG파일의 업로드와 업로드 용량이 10배나 큽니다. 이러한 프로계정의 특별한 혜택에 대해 자세히 소개합니다.

프로기능의 특징

- 10GB의 이미지를 업로드할 수 있어요.
- 동영상 다운로드 횟수가 8회나 지원됩니다.
- 다이나믹 다운로드 횟수가 10회나 지원됩니다.
- 60여 종의 프로만이 사용할 수 있는 폰트가 있어요.
- 개인, 기업의 폰트를 업로드할 수 있어요.
- 같은 프로 사용자끼리 만든 템플릿을 주고받을 수 있어요.
- 벡터 이미지인 SVG 파일을 업로드할 수 있어요.
- 자주 쓰는 컬러를 저장할 수 있어요.

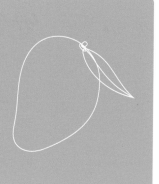

프로만이 사용할 수 있는 폰트

프로사용자가 사용할 수 있는 프로 폰트는 무척이나 다양하고, 계속해서 추가되고 있습니다. 현재 프로사용자만이 사용할 수 있는 폰트는 62개이며, 캘리그래피(조합형 폰트) 3종입니다.

폰트

가로수 개구쟁이 겨울나무 **겨울밤**	겨울하늘 겨울손거 꽃망 개화	**단팥빵** 긴생머리 L **긴생머리 R** **긴생머리 B**	**격동굴림** **격동고딕** 네모니 Oblique 로맨스텐실 Basic	동막골B 동막골L 동막골R **동백꽃**
데이라잇 L 데이라잇 R **데이라잇 B** 빛의계승자 Bd	**로케트** **마마블럭B** 마마블럭L 마마블럭R	별빛차 L **별빛차 B** **별빛차 B** *치어리더*	**수퍼사이즈Black** ***수퍼사이즈BlackItalic*** 수퍼사이즈Black3D 수퍼사이즈Black3DItalic	**슈퍼로봇** **연애시대B** 연애시대L 연애시대R
타임라민B 타임라민L 타임라민R	새벽달 헝치머리 **발레리나** **발레리노**	우리시장 **산골고개 B** 산골고개 L 산골고개 R	**커밍순** **싸나이B** **싸나이L** **싸나이R**	수필명조 L 수필명조 R **수필명조 B**

캘리그래피(조합형 폰트)

📍 내 폰트 추가하기

업로드 가능한 폰트

개인 및 기업에서 구매하여 사용하는 유료 폰트, 또는 고양시 폰트, 롯데 폰트 등 기관과 기업에서 자체적으로 제작한 폰트, 그 외 저작권에 자유롭게 사용할 수 있으나 망고보드에는 없는 폰트 등을 프로사용자는 망고보드에 업로드하여 자유롭게 사용할 수 있습니다.

- 개인 또는 기업에서 구매하여 사용하는 유료 폰트
- 기관과 기업에서 자체적으로 제작한 폰트
- 저작권에 자유롭게 사용할 수 있는 폰트

이미지	**폰트**
사용 중 용량 (프로)	**302.63 MB** / 10.00 GB
업로드 가능 파일	ttf+woff 혹은 otf+woff

파일을 이곳에 끌어 놓으시거나
<u>파일 업로드</u>를 눌러 파일을 선택하세요.

폰트 업로드에 필요한 파일

망고보드에서 폰트를 업로드하려면 TTF와 WOFF, 또는 OTF와 WOFF 파일로 일반적인 폰트 파일 외에 웹 오픈 폰트 포맷인 WOFF파일이 함께 필요합니다.

TTF+WOFF
OTF+WOFF

TMI ✏️
웹 폰트가 없을 경우
인터넷에서 일반 폰트(TTF)를 웹 폰트(WOFF)로 변환해 주는 서비스를 이용합니다.
onlinefontconverter.com

TTF 폰트와 WOFF 폰트

TTF

트루 타입(True Type)은 외곽선 글꼴 표준으로, 1980년대 말에 애플 컴퓨터가 어도비의 포스트스크립트에 쓰이는 타입 1 글꼴에 대항하기 위해 개발하였다. 트루타입의 주된 이점은 글꼴 개발자들에게 글꼴이 다양한 글꼴 크기에서 어떻게 표시될 것인지에 대한 높은 수준의 제어를 할 수 있다는 것이며 이를 힌팅기술 혹은 힌팅 인스트럭션이라고 한다.

WOFF

웹 오픈 폰트 포맷(Web Open Font Format, WOFF)으로 웹 페이지에서 사용할 수 있는 글꼴 포맷이다. 이것은 2009년에 개발되었으며 W3C 웹 폰트 작업 그룹에 의해 권장하는 웹 글꼴 형식으로 표준화가 진행 중이다.

출처:나무위키

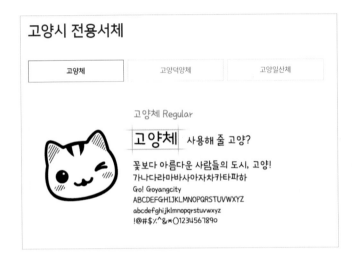

무료 폰트 다운받기

고양시 전용서체인 '고양체'를 망고보드에서 사용하기 위해 먼저, 고양시 홈페이지에서 '고양체'를 다운받습니다.

TMI

다운로드 사이트

고양시청 홈페이지〉늘푸른고양〉고양이미지〉고양시 전용서체

웹 폰트로 변환하기

onlinefontconverter.com에 접속하여 ❶의 WOFF를 선택합니다.

❷SELECT FONT(s)를 클릭합니다.

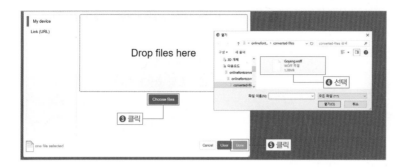

❸의 Choose files를 클릭하여, 탐색창에서 다운받아 놓은 ❹ '고양체'를 선택합니다. ❺Done 를 클릭합니다.

❻SAVE YOUR FONT를 클릭합니다.

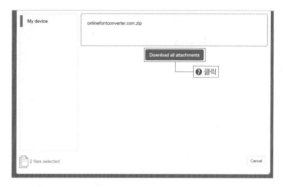

❼Download Attachment를 클릭합니다.

압축파일이 다운로드가 되고, 압축을 풀면 같은 파일명의 WOFF파일이 생성됩니다.

두 개의 파일을 같은 폴더에 모읍니다.

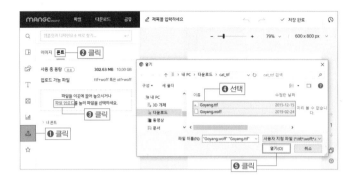

망고보드에 폰트 업로드하기

기능탭의

❶이미지·폰트 올리기를 클릭한 후,

❷폰트를 클릭합니다.

❸파일업로드를 클릭하여 탐색창의 두 개의 파일을 ❹선택하고, ❺열기를 클릭합니다.

저작권 안내는 두 번에 걸쳐 나옵니다. 그만큼 중요하기 때문입니다.

꼭 확인하고, ❻예를 클릭합니다.

❼과 같이 폰트가 업로드 되었습니다.

다음의 이미지는 업로드한 고양체로 망고
보드에서 만든 SNS홍보물 예시입니다.

▶ http://www.mangoboard.net/publish/1215035

TIP ┆ 망고보드에서 사용할 수 있는 기타 외국어 ┆

僕体 日本
Noto Sans 日本
Noto Sans Vietnam
Noto Sans 中文

망고보드에서는 한글과 영어 외에 일본어 2종,
베트남어 1종, 중국어 1종을 제공하고 있습니
다.

● 내 컬러 저장하기

[내 팔레트] 알아보기

회사의 주요색, 내가 주로 사용하는 색을 내 팔레트에 추가하여 쉽게 사용할 수 있습니다.

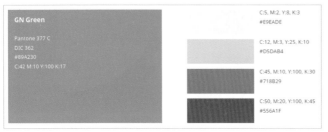

예를 들어 굿네이버스는 다음과 같은 브랜드 색상 가이드를 정해 놓고, 사용하고 있습니다. 그럼, 다른 콘텐츠를 제작할 경우도 브랜드 가이드를 따라야 하는데, 매번 색을 찾기가 번거롭습니다. 이럴 경우, 내 팔레트에 색을 등록해 놓고, 쉽게 사용할 수 있습니다.

[내 팔레트]에
우리 회사 팔레트 추가하기

❶색상버튼을 클릭 후, ❷내 팔레트를 클릭합니다. ❸추가를 클릭합니다.

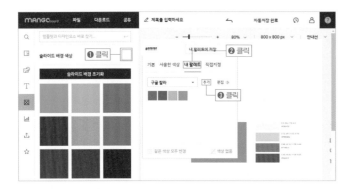

작업 시 알아보기 쉽게 ❹팔레트 이름을 적고, ❺확인을 누릅니다.

[내 팔레트]에 우리 회사 색 추가하기

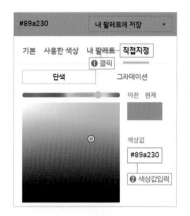

❶직접지정탭을 클릭하여 ❷색상값에 브랜드 가이드에 나와 있는 색상값을 적고 엔터를 누릅니다. 그럼, 원하는 색으로 상단바가 바뀝니다.

내 팔레트에 저장의 ❸더보기를 클릭한 후, 만들어 놓은 ❹팔레트를 클릭합니다.

❺남은 색들도 같은 방법으로 팔레트에 등록하면 다음처럼 브랜드 팔레트가 완성됩니다.

이제부터는 회사의 디자인 작업 시 좀 더 편하게 작업할 수 있습니다.

브랜드 색을 적용한 굿네이버스의 카드뉴스

● 템플릿 주고받기

사용자가 완성한 템플릿을 다른 프로 사용자와 공유할 수 있는 기능입니다. 회사의 디자인 콘텐츠인 경우 일반적으로 형식과 레이아웃이 정해져 있고, 로고 또는 슬로건 등 꼭 추가해야 할 디자인 요소들이 있는 경우가 많습니다. 이럴 경우 하나의 템플릿을 완성한 다음, 다른 사용자가 전달받아 내용을 수정하여 활용할 수 있다면, 작업의 속도가 매우 빨라지고, 협업이 쉬워집니다. 또 디자이너에게 업무 지시를 할 때, 망고보드에서 대략의 스케치를 한 후 템플릿으로 전달하는 용도로도 사용합니다. 클라이언트는 원하는 스타일을 시각적으로 쉽게 전달할 수 있고, 디자이너는 클라이언트의 요구사항을 빠르게 파악할 수 있기에 정확한 업무 전달과 빠른 소통을 경험할 수 있습니다.

템플릿 보내기

작업한 템플릿을 저장한 후, 상단의 공유를 클릭합니다.

다음의 창에서 ❶템플릿 보내기를 클릭합니다.

❷받는 사람 칸에 상대방의 이메일 주소를 입력합니다. *상대방도 프로사용자이어야 합니다.

❸보내기를 클릭하면 상대방의 템플릿 받기에 나타납니다.

템플릿 받기

기능탭의 템플릿를 클릭한 후 ❶받은템플릿을 클릭하면 다른 프로 사용자가 보낸 템플릿을 확인할 수 있습니다.

❷받은 템플릿 위에 마우스를 올리면, 보낸 사람과 보낸 시간에 대한 정보가 나타납니다.

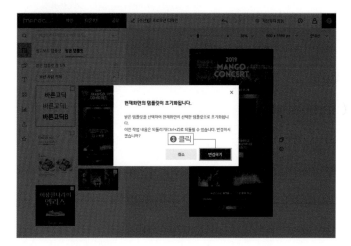

받은 템플릿을 더블클릭하면, 다음과 같이 경고창이 나타나고, ❸변경하기를 클릭하면 현재 슬라이드에 적용됩니다.

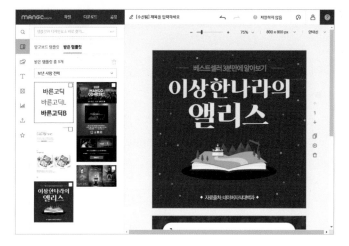

보내온 템플릿을 내 화면에서 확인할 수 있습니다.

● SVG파일 업로드하기

SVG파일은 벡터이미지로 깨지지 않아 크기를 다양하게 조절하기가 편리합니다. SVG파일 업로드 기능은 망고보드에 없는 아이콘 파일을 갖고 있는 현업 디자이너이거나, 일러스트를 다룰 수 있는 분, 또는 로고와 같은 이미지를 SVG로 보관하여 사용하는 분들에게 매우 유용한 기능입니다.

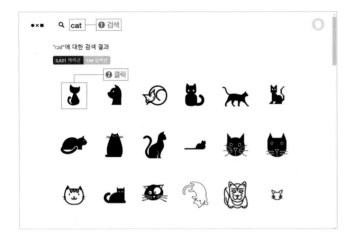

더나운프로젝트 닷컴에서
SVG 아이콘 찾기

SVG파일을 다운받기 위해 더나운프로젝트 닷컴(thenounproject.com)에 접속합니다. 이 사이트는 아이콘과 픽토그램을 최대로 많이 보유하고 있는 곳입니다. 사이트에 접속하여 ❶'CAT'를 검색하면, 다음과 같은 다양한 종류의 아이콘이 검색됩니다. ❷의 고양이를 클릭합니다.

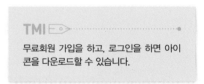

TMI
무료회원 가입을 하고, 로그인을 하면 아이콘을 다운로드할 수 있습니다.

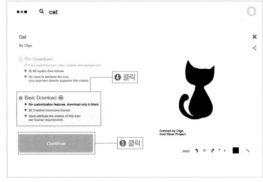

❸Get this icon을 클릭합니다.

❹Basic Download를 클릭합니다.
❺Continue를 클릭합니다.

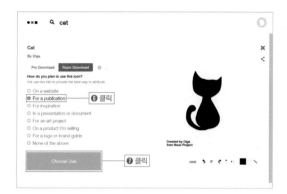

❻아이콘의 사용처를 선택하고,

❼Continue를 클릭합니다.

❽SVG를 선택하면, 바로 다운로드됩니다.

망고보드에 SVG 업로드하기

기능탭의 이미지·폰트 올리기를 클릭한 후, ❶파일업로드로 다운받은 파일을 올립니다.

❷와 같이 추가됩니다.

추가된 SVG이미지는 슬라이드에서 자유롭게 사용할 수 있습니다.

12

내가 만든 템플릿
잘 관리하기

망고보드로 디자인을 다 했다면, 보관도 잘 해야 합니다. 망고보드에서 만든 모든 템플릿 [사용자 작업물]은 망고보드 클라우드에 완벽히 저장됩니다. 저장된 템플릿은 [마이페이지]에서 확인할 수 있습니다. [마이페이지]는 모든 망고보드 템플릿을 보여주고, 관리합니다. 작업된 템플릿은 폴더로 구분하여 관리할 수 있고, 복사하기, 공유하기 등의 기능이 지원됩니다.

● 망고보드 마이페이지

마이페이지 들어가기

❶새로운 템플릿 시작하기는 마이페이지에서 바로 새로운 작업을 시작하도록 합니다.

폴더로 관리하기

❶폴더추가를 클릭하여 새로운 폴더를 만들 수 있습니다.

❷폴더명을 입력합니다.

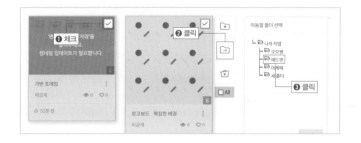

템플릿 이동하기

이동할 템플릿을 ❶체크한 후, ❷이동을 클릭하여 ❸이동시킬 폴더를 선택합니다.

템플릿 삭제하기

삭제할 템플릿을 체크한 후, 삭제를 클릭하면 다음과 같은 삭제 확인창이 나타납니다. ❶'지금 삭제'라고 입력한 후, ❷확인 클릭하면 삭제됩니다.

● 망고보드 템플릿 관리하기

템플릿 공개여부 확인하기

템플릿 정보 템플릿 하단에 템플릿 안의 ❶슬라이드 개수, ❷공개여부, ❸조회수, ❹좋아요 개수가 나타납니다.

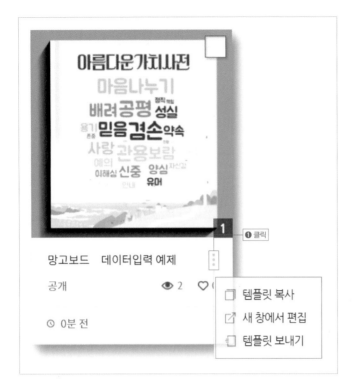

템플릿 설정 옵션

❶의 설정버튼을 클릭하면 템플릿 복사, 새 창에서 편집, 템플릿 보내기를 실행할 수 있습니다.

13 망고보드
실험실 활용하기

구글에서도 구글 실험실을 통해 다양한 프로그램을 개발했다고 합니다. 망고보드에도 새로운 기능들을 실험하는 실험실이 있습니다. 참신한 기능과 유용한 기능들이 들어있는 망고보드 실험실을 알아봅니다.

🍈 망고보드 실험실

망고보드 실험실에는 현재 이미지 실험실 4가지, 텍스트 실험실 1가지가 운영되고 있으며, 앞으로 계속 추가될 예정입니다.

이미지 실험실

많이 쓰인 색상 6가지 | 스포이드로 색상 추출
배경 지우개·복구툴 | 이미지에 외곽선 넣기

텍스트 실험실

텍스트 외곽선 / 텍스트 긴 그림자

● 많이 쓰인 색상 6가지

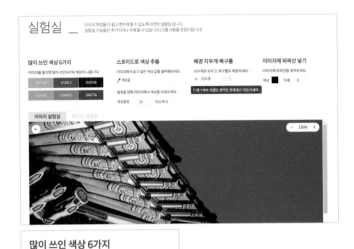

이미지를 업로드하면 이미지에서 주로 쓰인 색상을 추출하는 기능입니다. 디자인 작업 시 메인 이미지와 어울리는 배경색, 또는 글꼴의 색을 정할 때 이미지에서 색을 찾는 경우가 많습니다. 사용자가 일일이 색을 찍어 찾아야 하는데, 망고보드에서는 사진을 올리기만 하면 자동으로 색을 추출해 줍니다.

많이 쓰인 색상 6가지 부분에 마우스를 올리면 색상값이 복사되어, 바로 망고보드 색에 적용할 수 있습니다.

● 스포이드로 색상 추출

스포이드로 색상 추출은 실험실에 올려진 사진을 마우스로 드래그하면 그 색상과 색상의 코드값을 찾아주는 기능입니다. 스포이드로 색상 추출은 두가지 기능이 있습니다. 하나는 원하는 부분의 색을 찾아내는 것이고, 또 하나는 찾은 색을 지우는 것입니다.

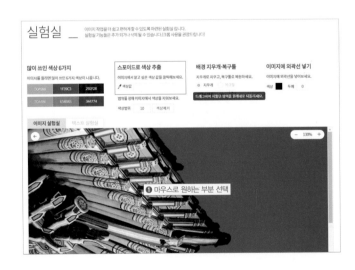

원하는 부분의 색 찾아내기

❶마우스를 이미지에 올리면, 그 부분의 색상값을 나타내 줍니다.

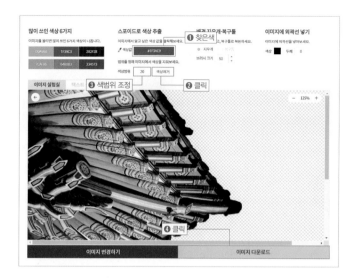

찾은 색 지우기

❶찾은 색을 확인하고, ❷색상제거 버튼을 클릭하면, 찾은 색 부분이 지워집니다. 지워지는 범위는 ❸색상범위의 값으로 조절할 수 있습니다.

범위를 정해 이미지에서 색상을 지워보세요.

색상범위　　10　　색상제거

배경을 지운 이미지는 이미지 다운로드를 클릭하여 파일로 저장할 수 있습니다.

● 배경 지우개·복구툴

지우개로 배경 지우기

❶지우개를 클릭 후, 지우고 싶은 부분을 마우스로 문지르면 지워집니다.

❷브러시 크기를 조절하여 지우개의 크기를 자유롭게 바꿀 수 있습니다.

배경 지우개·복구툴

지우개로 지우고, 복구툴로 복원하세요.

⦿ 지우개　　　○ 복구툴

브러시 크기　　50

이미지에 외곽선 넣기

배경 지운 이미지에 외곽선 넣기

배경색을 지워 원하는 형태만 남았다면, 이미지에 외곽선을 넣어 정돈할 수 있습니다. 외곽선의 ❶색상을 클릭하여 색상환에서 원하는 색을 선택할 수 있습니다.

❷두께의 값을 조절하여 외곽선의 두께를 정할 수 있습니다.

완성된 이미지는 파일로 다운로드할 수 있습니다.

텍스트 실험실

텍스트를 꾸미는 데 많이 활용하는 텍스트 외곽선과 텍스트를 강조하는 데 쓰이는 긴 그림자 효과를 사용해 파일로 저장하여 사용할 수 있습니다.

텍스트 외곽선

텍스트의 외곽선의 두께와 컬러를 조절하여 입체감 있는 텍스트를 표현할 수 있습니다. ❶텍스트 실험실을 클릭하여 ❷텍스트를 입력합니다. ❸텍스트 외곽선을 확인한 후 외곽선의 두께, 컬러, 불투명도를 조절합니다. 크기와 폰트를 자유롭게 변경할 수 있습니다. 실험실 화면에 완성된 텍스트가 나타납니다.

텍스트 외곽선 / 텍스트 긴 그림자				
크기 200	망고보드		↵	1 2
폰트 배달의민족도현	∨	텍스트 상단 여백		15
◉ 텍스트 외곽선	외곽선 1 - 두께	15	불투명도	100
텍스트 긴 그림자	외곽선 2 - 두께	30	불투명도	100

텍스트 긴 그림자

텍스트에 긴 그림자를 넣어 텍스트를 강조하는 효과를 완성할 수 있습니다.

❶텍스트 실험실을 클릭하여 ❷텍스트를 입력합니다. ❸텍스트 긴그림자를 확인한 후 ❹ 스타일 중 하나를 클릭합니다. 크기와 폰트, 컬러를 자유롭게 변경할 수 있습니다. 실험실 화면에 완성 된 텍스트가 나타납니다.

텍스트 긴 그림자 활용 예

14 작업 속도를 빠르게 할 수 있는 단축키

● 슬라이드 작업 관련 단축키

실행, 취소, 재취소 기능

Ctrl + S		저장하기
Ctrl + Z		되돌리기(undo)
Ctrl + Y		다시 실행(redo)
Ctrl + Shift + Z		다시 실행(redo)

슬라이드 위치 이동 기능

PageUp	슬라이드 위로 이동
PageDown	슬라이드 아래로 이동
Home	슬라이드 가장 위로 이동
End	슬라이드 가장 아래로 이동

디자인 요소 선택과 복사 편집 기능

Ctrl + ;	안내선 보기
Ctrl + Shift + ;	안내선 잠금
Alt + 1	작업영역 100% 맞춤
Alt + −	작업영역 축소
Alt + +	작업영역 확대

● 디자인 요소 작업 관련 단축키

디자인 요소 선택과 복사 편집 기능

단축키	기능
Del or ←	요소 삭제
ESC	요소 선택 해제
Shift	요소 다중 선택
Ctrl	그 자리에서 복사하기
Ctrl + A	전체 선택
Ctrl + C	복사하기
Ctrl + V	붙여넣기
Ctrl + X	잘라내기

정렬 기능

단축키	기능
Ctrl + ←	왼쪽정렬
Ctrl + Shift + ↓	가운데정렬
Ctrl + →	오른쪽정렬
Ctrl + ↓	아래정렬
Ctrl + Shift + ↑	중간정렬
Ctrl + ↑	위로정렬

디자인 요소 순서 이동 기능

단축키	기능
Ctrl + Shift +]	가장 위로
Ctrl +]	한 칸 위로
Ctrl + [	한 칸 아래로
Ctrl + Shift + [	가장 아래로

잠금과 그룹 기능

단축키	기능
Ctrl + 2	잠금/잠금 해제
Ctrl + G	그룹하기
Ctrl + Shift + G	그룹 해제하기

디자인 요소 회전과 크기 변경, 이동 기능

단축키	기능
Shift (회전할 때)	45도 각도로 회전
Shift (크기 변경할 때)	정비율 사이즈 변경
Shift (이동시킬 때)	수직 수평으로 이동
Shift (←↑↓→)	디자인 요소 이동

15 망고보드 저작권 확실히 알기

망고보드로 디자인하여 다운로드 받은 결과물은 "저작권 규정 제4조의 제약사항"(클릭)에 저촉되지 않는 한, 인터넷, 모바일에 배포하거나 인쇄물로 제작하여 사용할 수 있으며 상업적인 용도를 포함하여 저작권에 문제가 발생하지 않습니다.

● 기본 라이선스 규정

망고보드의 기본적인 라이선스 규정은 다음과 같습니다. 망고보드에서 직접 만든 템플릿의 다운로드 및 사용은 언제나 가능합니다. 단, 디자인 요소를 개별적으로 무단 복사하거나, 디자인 요소를 개별적으로 외부로 이동하는 것은 금지되어 있습니다.

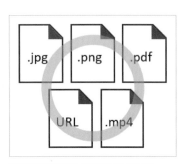

직접 만든 템플릿의 다운로드 및 사용 OK

디자인 개별 요소 무단 전제 금지

디자인 개별 요소 외부 이동 금지

● 반드시 알고 지켜야할 망고보드 저작권

1. 템플릿 안에 포함된 사진, 아이콘, 이미지, 도형, 텍스트(폰트), 차트 등의 개별 디자인 요소의 저작권은 망고보드 또는 망고보드에 공급계약 한 업체가 가지고 있으므로 디자인 요소 1개만을 개별 다운로드하여 복제, 수정 사용할 수 없습니다. 다만 복수(2개 이상)의 디자인 요소(예: 사진+폰트, 아이콘+사진 등)가 결합되어 이루어진 복합 작업물은 다운로드하여 SNS, 홈페이지, 블로그 등에서 자유롭게 사용할 수 있습니다.

2. 망고보드가 제공하고 있는 템플릿 및 편집한 작업물을 망고보드의 편집기가 아닌 다른 편집 도구(예: 포토샵, 일러스트, 디자인 도구 등)에서 편집하여 사용하면 저작권 침해에 해당됩니다. 망고보드 에디터 내에서는 자유롭게 편집하여 다운로드할 수 있습니다.

3. 사용자 본인이 망고보드에 업로드하여 사용하는 이미지나 폰트에 대해서는 저작권 관련한 어떤 책임도 지지 않습니다.

4. 무료사용자의 경우 콘텐츠에 포함된 워터마크 혹은 copyright 문구, 회사의 로고 등 회사에 의하여 삽입된 표식을 제거할 수 없습니다.

망고보드의 라이선스에 대한 상세한 사항은 아래의 저작권의 전체 내용을 꼭 읽어봐 주시기 바랍니다.

● 저작권(라이선스) 원본

본 규정은 주식회사 리아모어소프트(이하 '회사'라 한다.)가 운영하는 망고보드(www.mangoboard.net) 웹사이트(이하 '망고보드'라 한다)에서 제공되는 각종 콘텐츠에 대한 저작권을 규정하기 위한 것으로 망고보드를 사용하는 사용자는 아래의 항목에 동의한 것으로 간주합니다.

용어의 정의

템플릿 : 회사가 망고보드를 통해 제공하는, 정보 전달 목적의 미리 제작된 디자인결과물(인포그래픽, SNS, 프레젠테이션, 배너, 포스터, 카드뉴스 등의 사용목적으로 제작됨)으로서, 복수의 "사진, 아이콘, 이미지, 도형, 텍스트, 차트 등"(이하 '디자인 요소'라 한다)으로 구성이 되어져 있으며, 망고보드 내에서 제공되는 템플릿을 편집하는 소프트웨어(이하 '편집기'라 한다)를 통해 편집이 가능합니다. 또한 사용자가 '편집기'를 통해 제작한 디자인 결과물도 템플릿에 속하며, 이는 특별히 '사용자 템플릿'이라고 칭합니다.
* 템플릿을 통해 만들 수 있는 파생물인, 다운로드 이미지(JPG, PNG 파일등), 캡쳐 이미지, PDF파일, 공유URL을 통한 웹 화면 등도, 템플릿에 포함하는 것으로 간주합니다.

---

1. 망고보드의 사용

가. 회사가 망고보드를 통해 제공하는 모든 콘텐츠(템플릿을 포함한 '디자인 요소'를 통칭함) 및 '편집기'에 대한 저작권은 회사에게 있으며 저작권법과 국제저작권조약에 의하여 보호받고 있습니다. 다만, 사진, 아이콘 및 텍스트의 일부는 타 저작권사로부터 망고보드 서비스에서만 사용이 가능토록 허가를 받아 제공되고 있습니다.

나. 사용자는 망고보드에서 제공되는 사진, 아이콘, 이미지, 도형, 텍스트, 차트 등의 '디자인 요소'를 개별적으로 캡쳐 혹은 다른 이름으로 저장 등을 통하여 복제하거나, 이를 수정하여 사용할 수 없습니다. 그러나 망고보드에서 제공되는 '템플릿'은 자유롭게 복제 및 수정하여 사용할 수 있습니다. 즉 '디자인 요소'들의 총합으로 이루어진 템플릿은 복제 및 수정이 가능하나, '디자인 요소'를 개별적으로 복제하거나, 수정하는 것은 금지됩니다.

다. 사용자는 콘텐츠 및 '편집기'를 회사의 허락 없이 다른 서버에 미러링 할 수 없습니다.

라. 사용자는 회사의 허락 없이 망고보드의 '편집기' 소프트웨어를 이용하여, 상업적 활동을 할 수 없습니다.

마. 사용자는 망고보드에서 제공하는 템플릿을 복제 및 수정하여, 이를 편집이 가능한 템플릿으로 재판매할 수 없습니다.

바. 사용자는 망고보드 웹사이트 혹은 '편집기'를 역 어셈블리, 역 엔지니어링, 디컴파일 등의 행위를 할 수 없습니다.

사. 무료사용자의 경우 콘텐츠에 포함된 워터마크 혹은 copyright 문구, 회사의 로고 등 회사에 의하여 삽입된 표식을 제거할 수 없습니다.

아. 유료사용자의 경우 학생은 학생요금제로 결제가 가능하나 기업이나, 단체, 공공기관 등의 업무를 위하여 사용 시에는 학생요금제를 사용할 수 없습니다. 학생이 아닌 사용자가 학생의 요금제로 결제할 경우 회사는 통지 없이 서비스를 중지할 수 있으며, 이 때 잔여기간에 따른 환불을 받을 수 없습니다. 학생을 제외한 사용자는 망고보드 요금제에 표시된 사용대상에 맞게 "일반" 또는 "프로" 유료회원으로 결제하셔야 합니다. 유료사용자의 가격은 망고보드 내에 공개된 유료요금제의 가격정책을 따릅니다.

자. 유료사용자는 타인에게 사용권을 양도, 판매, 대여할 수 없습니다.

차. 망고보드는 동일한 ID로 동시에 2명이상이 접속하여 사용할 수 없습니다.

카. 사용자는 자신의 ID와 비밀번호를 타인과 공유하여 사용할 수 없습니다.

2. '사용자 템플릿'(사용자가 만든 템플릿)

가. 사용자는, '편집기'를 이용하여 만든 '사용자 템플릿'을, '제4조의 제약사항'에 저촉되지 않는 한, 인터넷 / 모바일 등에 자유롭게 배포하여 사용할 수 있으며, 회사는 저작권에 대한 문제가 발생하지 않음을 확인합니다. 단, '사용자 템플릿'을 다른 편집툴(포토샵이나 일러스트 등의 기타 툴)에서 수정하여 사용할 경우 이는 망고보드에서 만든 것임을 증명할 수 없기에, 회사는 저작권침해에 대해 책임지지 않습니다.

나. 사용자가 망고보드에 업로드 한 사진, 이미지, 도형, 아이콘 등에 대한 저작권 관련 책임은 업로드 한 사용자에게 있으며 망고보드는 면책됩니다.

다. 망고보드 내의 공개기능을 통해 공개한 '사용자 템플릿'은 '회사' 및 일반인이 공개, 배포를 허락한 것으로 간주합니다.

라. 무료사용자의 경우 '사용자템플릿'에 포함된 워터마크 혹은 copyright 문구, 회사의 로고 등이 표시되는 것을 제거할 수 없습니다.

마. 사용자는 망고보드에서 제공되는 '디자인 요소'를 포함하여 만들어진 '사용자템플릿'을, 배타적 권리를 주장할 수 있는 상표권이나, 저작권등록 등에 사용할 수 없습니다.

바. 망고보드에서 제공되는 '디자인 요소'를 포함하여 만들어진 '사용자템플릿'을 공모전 등에 출품할 경우, 출품조건이 저작권의 귀속을 요구한다면, 이 경우에는 출품할 수 없습니다.

사. '사용자 템플릿' 내에 사용된 사진, 이미지, 도형, 아이콘 등이 청소년보호법 또는 형법에 위반되는 저속, 음란한 경우 또는 타인의 명예나 프라

이버시를 침해할 수 있는 경우, 이를 사용할 수 없습니다.

아. '사용자 템플릿' 내에 사용된 인물 사진/이미지/아이콘 등은 외설적이거나 타인의 명예를 훼손할 수 있는 경우 이를 사용할 수 없으며, 성형외과/산부인과/비뇨기과 등에서 모델로 사용할 경우, 의료 시술의 비포와 애프터 용도로 사용하거나, 시술 및 제품을 체험한 것으로 오인하게 하거나, 얼굴/체형 등을 합성, 변형, 수정하여 사용하거나, 허위사실을 기재하여 사용할 수 없습니다.

3. 회사의 면책

가. 회사는 망고보드 내의 모든 콘텐츠의 내용 및 의미에 대하여 정확성이나, 신뢰성을 보증하지 않으며, 사용자가 이를 이용함으로써 발생하는 문제는 사용자의 책임입니다.

나. '사용자 템플릿'에 담긴 내용 및 의미로 인해 발생하는 모든 책임은 회사에 있지 않고, 이를 제작한 사용자에게 있습니다.

다. 사용자가 망고보드에 업로드 한 이미지, 도형, 아이콘 등의 일부 혹은 전부가 타인의 저작권을 침해한 경우 이에 따른 모든 책임은 회사에 있지 않고, 이를 업로드한 사용자에게 있습니다.

라. 망고보드는 사전 통보 없이 웹사이트 내의 콘텐츠, 편집기, 게시물 등을 변경할 수 있습니다.

4. 타 저작권사에 의한 제약사항

망고보드의 편집기에서 사용되는 사진이나 폰트(Font)의 일부는 타 저작권사에서 아래의 조건으로 배포된 것입니다. 사용자는 저작권사에서 제약한 아래의 사항을 반드시 지켜야 합니다.

가. 폰트(Font)

• 빙그레체 폰트, 빙그레체 II 폰트 : 회사명, 브랜드명, 상품명, 로고, 마크, 슬로건, 캐치프레이즈에는 사용이 금지됩니다.

• 청소년체 폰트 : 성인전용 콘텐츠에는 사용이 금지됩니다.

• 연애시대, 옴니고딕, 낮보다는 밤(조합형), 라그라스 꽃말(조합형) : 공중파,케이블,지역방송 등의 TV CF, 극장CF 에는 사용이 금지됩니다. 또한 디바이스 탑재, 서버 임베딩, 모바일 앱 및 온라인 게임, 채팅용 등 전 분야 폰트파일 탑재되는 형태 일체의 임베딩은 금지됩니다.

• 발레리나, 가로수, 로케트, 치어리더, 피오피네모 : 방송자막, TV CF, 게임에서는 사용이 금지됩니다.

나. 사진(이미지)

픽사베이(Pixbay) 사진 : 픽사베이에서 제공하는 모든 이미지를 기업 CI, BI 로고의 이용 및 성형, 포르노, 성인용품, 마약, 도박, 사행성게임 관련, 비방을 목적으로 하는 용도에 이용할 수 없으며 또한 피사체에 대한 명예훼손 및 인격권침해 등 일반 정서에 반하는 용도로는 이용할 수 없습니다.

5. 문의

저작권에 대한 문의는 아래의 이메일로 문의할 수 있습니다.

Email : support@mangoboard.net

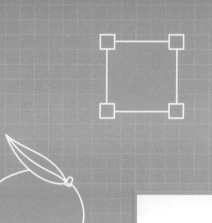

Chapter 4

실전에 바로
활용하는
SNS콘텐츠
만 들 기

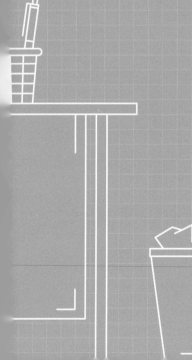

1장에서는 디자인에 대한 기본 개념을 이해하였고, 2장과 3장에서는 망고보드의 기능을 꼼꼼하게 살펴보았습니다. 4장에서는 7가지 예제를 통해 "실전에 바로 활용하는 SNS콘텐츠"제작 방법을 완성하려고 합니다. 실제로 현장에서 흔히 사용되는 예제를 하나씩 따라하다 보면, 망고보드의 편리함에 흠뻑 빠지는 것은 물론 콘텐츠 제작에 대한 자신감까지 두 마리 토끼를 한꺼번에 잡을 수 있을 것입니다.

CONTENTS

01 유튜브 썸네일 이미지 만들기

상황

논현동에 개인병원을 열고, 각종 방송에 자문의로 출연하게 된 박 박사님은 일찌감치 좀 더 많은 대중에게 차별적이고, 구체적인 정보를 전달하기 위해 동영상 플랫폼인 유튜브에 채널을 개설했지요. 혼자 영상을 촬영하고 편집하는 것도 쉽지 않은데 그 중에서도 유튜브의 클릭 수를 좌우하는 '썸네일 이미지'를 만드는 일은 더 힘들었지요. 다양한 이미지편집 프로그램을 사용해 보았지만 퀄리티가 만족스럽지 않고, 매일 진료를 보면서 무언가를 배우기도 쉽지 않아 고민이 깊어지는 중인데요. 썸네일 이미지 쉽게 만드는 방법 어디 없을까요?

세바시 유튜브 이미지

🍃 준비하기

유튜브 콘텐츠를 만들기 위해서는 콘텐츠 기획부터 촬영, 녹음, 편집 등 많은 작업을 필요로 합니다. 하지만 이런 고정관념도 옛말, 요즘은 자신만의 개성이 있는 특별한 콘텐츠만 있으면 누구라도 스마트폰으로 촬영해서 영상을 만들 수 있는 것도 사실입니다.

그래서 더 중요한 건! 영상을 올렸을 때, 유튜브 시청자가 콘텐츠를 클릭하게 하는 결정적인 한방! 유튜브 썸네일 이미지 만들기가 주목받고 있습니다. 망고보드를 이용해 어떻게 좀 더 쉽게, 좀 더 효과적으로 클릭을 부르는 썸네일 이미지를 만들 수 있는지 알아봅니다.

콘텐츠 제작 기획서	매회 촬영하는 영상에서 인물의 실루엣을 따서 넣는다. 콘텐츠의 제목을 확실히 부각하도록 눈에 띄는 컬러로 매치한다. 배경 이미지는 콘텐츠 관련 내용으로 넣는다.

콘텐츠 디자인 기획서		
사이즈	1280*720	
콘셉트	눈에 띄는 강한 제목과 폰트 사용	
컬러		
폰트	tvN 즐거운이야기 옴니고딕 050	

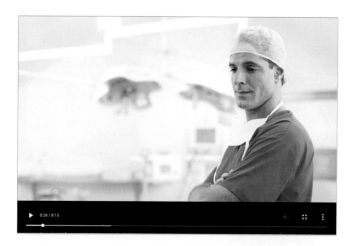

인물 실루엣 준비하기

1. 촬영한 동영상을 화면에 최대로 확대하여 재생시키고, 그 중 괜찮은 장면을 캡처한 후 저장합니다.

*본 영상 화면은 픽사베이의 인물 이미지를 영상 대신 넣었습니다.

TIP | 추천 캡처 프로그램 : 픽픽(PicPick)

검색창에서 '픽픽'을 검색하면 다음과 같이 다운로드 화면이 나옵니다. 설치 후 사용하세요.

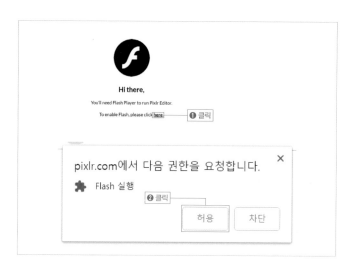

2. 인터넷 창을 열어 픽슬러닷컴 에디터(온라인 사진 편집 프로그램)에 접속합니다.

pixlr.com/editor

플래시 실행 ❶here를 클릭합니다.
Flash 실행 확인 창에서 ❷허용을 클릭합니다.

3. 두 번째 컴퓨터로부터 이미지 열기를 클릭하여 캡처한 이미지를 선택합니다.

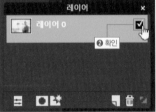

4. 처음 이미지를 오픈하면, 레이어가 잠겨 있어서 편집을 할 수 없습니다.

레이어 배경의 ❶잠긴열쇠 부분을 더블클릭하여 잠김해제를 합니다.

그러면, ❷처럼 체크박스로 변합니다.

5. 다음의 ❶도구에서 올가미/마술봉/선택도구/지우개 등을 이용하여 원하는 부분을 선택합니다.

| 마술봉 | 올가미 | 선택도구 | 지우개 |

❷지울 부분을 선택한 후, ❸Del키를 누르면 배경이 지워집니다.

6. 배경이 지워진 이미지를 저장하기 위해 ❶파일의 저장을 클릭합니다.

형식에서 ❷PNG(투명, 완전한 품질)을 선택합니다.

배경이 격자창으로 바뀌었으면 ❸확인을 클릭하여 저장합니다.

망고보드에서 유튜브 썸네일 이미지 만들기

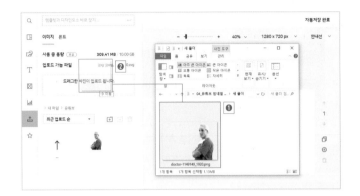

1. 사진 올리기

기능탭의 이미지·폰트 올리기를 클릭합니다. 저장한 이미지의 폴더를 열어 ❶에서 ❷로 옮기면 바로 망고보드에 올라갑니다.

2. 템플릿의 ❶유튜브 썸네일에서 ❷템플릿을 선택합니다.

3. 필요 없는 이미지를 지우고, ❶배경 이미지를 선택하여 ❷잠금해제를 클릭합니다.

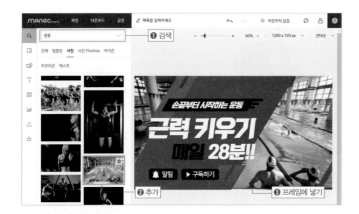

4. ❶검색창에 '운동'이라고 검색하여 ❷이미지를 추가합니다. ❸배경 프레임 속으로 넣습니다.

5. 배경 이미지를 다시 ❶잠금합니다.

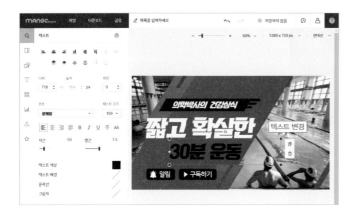

6. 텍스트를 변경합니다.

*현재 레이아웃에 맞춰 제목을 구성하면 더 쉽게 제목을 만들 수 있습니다.

7. 디자인 요소를 정리하고, 색을 변경합니다.

8. 업로드한 이미지를 ❶슬라이드에 추가합니다.

9. 제목과 배경 이미지, 색을 변경하여 다양한 버전으로 완성합니다.

▶ http://www.mangoboard.net/publish/1234073

02 눈길을 끄는 카드뉴스 만들기

상황

교육업체 홍보부서에 근무하는 엄 대리. 회사 페이스북과 블로그에 주 1회 카드뉴스를 외주 제작하여 올립니다. 그런데 외주 디자인회사가 우리 회사를 잘 이해하지 못해 하나부터 열까지 모든 것을 설명해야 하고, 어떨 땐 카드뉴스에 들어가는 문구까지 일일이 적어 보내느라 야근을 하기도 합니다. 이러면 왜 외주를 맡기는지 답답한 노릇인데요. 디자인만 좀 할 수 있다면 내가 직접 만드는 것이 시간도 절약되고, 편리할 텐데... 엄 대리는 어떻게 이 난관을 돌파하면 좋을까요?

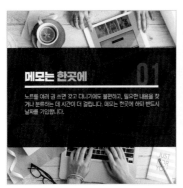

카드뉴스는 정보와 이미지를 결합한 형태의 디자인 콘텐츠입니다. 팩트인 정보가 더 중요하기 때문에 디자인 기술이 많이 필요하지는 않습니다. 그래서 파워포인트와 같은 문서 제작 프로그램에서도 카드뉴스를 디자인할 수도 있습니다. 카드뉴스를 잘 만들기 위해서는 내용과 연관된 이미지, 제목과 각 내용장의 일관성 있는 레이아웃, 가독성을 높일 수 있는 폰트 등이 필요합니다. 망고보드에서는 이러한 디자인 요소를 갖춘 카드뉴스 템플릿을 제공하므로 아주 쉽게 제작할 수 있습니다.

카드뉴스 기획서

제목장	제목	직장인을 위한 효율적인 메모의 기술
	부제목	메모를 하고도 찾지 못하는 당신을 위한 메모 방법
내용장	내용장1	1. 메모는 한 곳에 노트를 여러 권 쓰면 갖고 다니기에도 불편하고, 필요한 내용을 찾거나 분류하는 데 시간이 더 걸립니다. 메모는 한 곳에 하되 반드시 날짜를 기입합니다.
	내용장2	2. 형광펜, 포스트잇은 필수 중요한 부분이 빨리 눈에 들어오도록 형광펜으로 표시하고, 짤막한 지시와 전화업무 등은 포스트잇에 적어 노트에 순서대로 붙입니다.
	내용장3	3. 다시 보자 지난 메모 이미 노트에 적어 두고서도 다시 보지 않으면 적은 것도 잊어버립니다. 적재적소의 순간에 메모 내용을 파악할 수 있도록 한 번 써 둔 내용은 하루에 한 번씩 훑어보는 습관을 갖는 게 좋습니다.

콘텐츠 디자인 기획서

내용	직장인을 위한 효율적인 메모기술
타깃	2~30대 직장인
사이즈	800*800
콘셉트	오피스 워크 스타일
디자인 요소	메모, 노트, 연필
컬러	■ ■ ■
폰트	시네마극장, 데이라잇 R

1. 템플릿-카드뉴스에서 다음의 템플릿을 선택합니다.
카드뉴스 패키지 템플릿 중 ❶을 클릭하여 슬라이드에 적용합니다.

2. 슬라이드 오른쪽의 ❶새슬라이드를 클릭, 슬라이드를 추가합니다. 추가된 슬라이드에 ❷템플릿을 클릭하여 적용합니다.

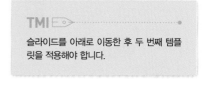

TMI
슬라이드를 아래로 이동한 후 두 번째 템플릿을 적용해야 합니다.

3. 같은 방법으로 4장의 슬라이드를 준비합니다.

4. 첫 번째 슬라이드에서 필요 없는 디자인 요소들을 지우고, 제목과 부제목의 내용을 수정합니다.

5. ❶검색창에 "메모"를 검색하여, ❷의 이미지를 추가합니다. ❸이미지의 크기를 확대한 후 옵션의 가장아래로를 실행합니다.

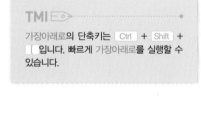

TMI

가장아래로의 단축키는 Ctrl + Shift + □입니다. 빠르게 가장아래로를 실행할 수 있습니다.

6. 텍스트 박스의 컬러를 검은색으로, 텍스트의 키워드 부분을 포인트 컬러로 바꿔줍니다.

7. 두 번째 슬라이드의 필요 없는 개체를
삭제하고, 내용을 수정합니다.

8. 검색창에서 "노트"를 검색하여 다음의
이미지를 배경에 넣습니다.

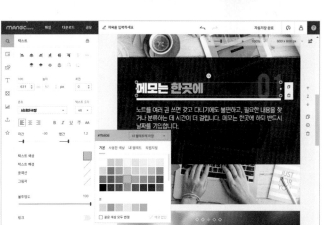

9. 텍스트 박스의 컬러를 검은색으로, 텍스
트의 키워드 부분을 포인트 컬러로 바꿔줍
니다.

10. 같은 방법으로 4장의 슬라이드를 모두 수정합니다.

11. 카드뉴스를 파일로 저장합니다. 메뉴의 다운로드를 클릭하여 ❶이미지 형식은 PNG, ❷크기는 원본, ❸슬라이드는 전체를 선택하고, ❹다운로드를 클릭합니다.

12. 다운로드 폴더에 압축파일로 저장됩니다. 압축을 풀면 다음과 같이 4장의 이미지가 나타납니다.

http://www.mangoboard.net/publish/848583

13. 페이스북 페이지에 완성된 카드뉴스를 업로드합니다.

세로형 카드뉴스로 변형하기 : 앞에서 완성된 카드뉴스의 작업창에서 작업을 이어나갑니다.

1. 상단의 파일의 ❶복사본 만들기를 클릭합니다. ❷복사본의 제목을 입력하고, ❸확인을 누릅니다.

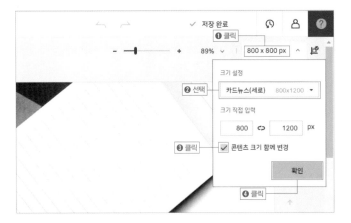

2. ❶의 크기를 클릭하고, ❷의 크기설정에서 카드뉴스 세로 800×1200을 선택합니다. ❸콘텐츠 크기 함께 변경을 체크하고, ❹확인을 누릅니다. 아래와 같이 슬라이드가 바뀝니다.

3. 텍스트의 크기를 조절합니다. 그래도 슬라이드를 벗어날 경우는 줄바꿈을 합니다.

4. 상단의 다운로드를 클릭한 후, 다운로드 창에서 제목장만 선택하여 저장합니다. 슬라이드에서 ❶부분을 클릭하여 "1"을 적습니다. ❷다운로드를 클릭합니다.

5. 다운로드된 1번 슬라이드를 기존의 카드뉴스가 저장되어 있는 폴더로 옮겨 놓습니다.

6. 페이스북 페이지의 게시글 작성에서 사진/동영상을 선택하여 완성된 카드뉴스 이미지를 ❶차례대로 선택합니다. 하단의 ❷지금공유하기를 클릭하여 페이스북에 게시합니다.

7. 다음과 같이 게시된 것을 확인할 수 있습니다. 망고보드에서는 이처럼 크기변환 기능으로 채널에 맞게 콘텐츠를 자유롭게 변형할 수 있습니다.

03 저절로 사고 싶은
상세페이지 만들기

상황

부암동에서 수제가구 스튜디오를 운영하는 김 대표님은 오프라인 매장과 연계 온라인 쇼핑몰에도 도전해 볼 생각입니다. 그런데 가구를 찍은 사진은 많은데, 이 사진들을 쇼핑몰에 맞게 편집을 하려니 여간 힘든 것이 아닙니다. 시작하는 마당에 디자이너를 뽑을 수도 없고, 외주를 주자니 비용이 너무 많이 들고, 혼자 큰 힘 들이지 않고 깔끔하면서도 퀄리티 있게 상세페이지를 만들 수 있는 방법은 없을까요?

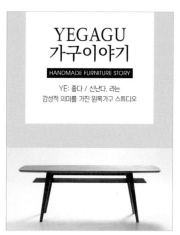

● 준비하기

쇼핑몰의 상세페이지는 첫 레이아웃만 잘 구성이 되면, 신제품이 나오더라도 그 규격에 맞춰 내용을 수정하여 작업할 수 있습니다. 망고보드에는 전문 디자이너들이 제품을 효과적으로 알릴 수 있는 레이아웃을 개발해 디자인해 놓은 상세페이지 템플릿이 준비되어 있습니다. 또 여기에 "다이나믹" 기능을 활용하여 상품을 입체적으로 보여줄 수도 있습니다.

상세페이지 기획서	브랜드 소개	브랜드 이름 / 브랜드 의의 / 브랜드 역사
	제품소개	제품 이름 제품 특징 제품 이미지

콘텐츠 디자인 기획서	사이즈	860*1100 (온라인 쇼핑몰마다 원하는 사이즈가 다를 수 있음)
	콘셉트	세련된 자연스러움
	컬러	⬜ ⬛ ⬜
	폰트	Kopub바탕, 데이라잇 R

● 따라하기

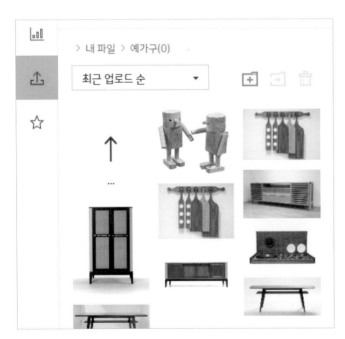

1. 상품이미지를 준비하여 망고보드에 올립니다.

2. 템플릿-상세페이지에서 다음의 템플릿을 선택합니다.

3. 내용을 수정하고, 이미지를 넣습니다. 레이아웃을 수정해도 좋지만, 어렵다면 현재 레이아웃에 해당 이미지만 바꾸는 것도 괜찮습니다.

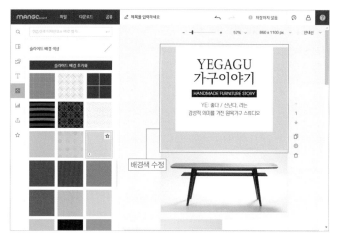

4. 배경색을 바꿉니다.
배경색은 상품이미지와 어울리거나, 상품을 돋보일 수 있는 색으로 선택합니다.

5. 다음 슬라이드의 내용도 수정합니다.

6. 완성된 상세페이지를 다운로드합니다.
한 장으로 이어진 상세페이지가 필요한 경우, ❶
한장으로 이어붙이기를 체크한 후 ❷다운로드
합니다.

TMI

G마켓, 옥션 등의 오픈마켓은 한 장으로 이어진 긴 상
세페이지가 필요하고, 쿠팡, 티몬, 스토어팜과 같은 온
라인 마켓에서는 상세페이지를 나눠서 올릴 수 있습
니다.

7. 다음과 같이 완성된 상세페이지
를 확인할 수 있습니다.

▶ http://www.mangoboard.net/
publish/1235080

04 클릭을 부르는
온라인 배너 만들기

상황

회사에서 새로운 이러닝 프로그램을 담당하고 있는 기획부의 엄 대리. 드디어 신제품이 나오고 온라인에 배너를 올려야 하는데, 배너제작을 맡은 홍보팀 디자이너가 하필이면 오늘 결근!!! 다른 디자이너들은 다 자기 일이 더 바쁘다며 기다려 보라고만 하는데...

"아 그냥 이거 내가 하고 말지."라는 말이 저절로 나옵니다. 지난번에 회사에서 누구나 디자이너가 될 수 있다며 '망고보드' 교육을 받았던 게 생각난 엄 대리는 망고보드에 접속합니다. 어떻게 만들었을까요?

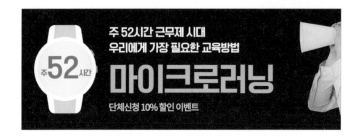

🌑 준비하기

온라인 배너는 짧은 시간에, 고객의 눈에 띄게 하여, 클릭을 유도하는 매우 중요한 홍보물입니다. 간결하면서도 메시지가 정확하게 전달되려면, 텍스트의 배치와 크기가 중요합니다. 망고보드의 배너 템플릿의 레이아웃을 참고하여 새로운 디자인으로 완성해 봅니다.

콘텐츠 기획서	마이크로러닝 주 52시간 시대에 우리에게 가장 필요한 교육방법 단체신청 10% 할인 이벤트	
	키워드	주52시간, 마이크로러닝

콘텐츠 디자인 기획서	타깃	주52시간 근무제로 저녁시간에 여유가 생긴 직장인
	사이즈	1000*370 (배너)
	콘셉트	강하게 주장하는 느낌이 들도록, 키워드가 명확하게 표현되도록
	디자인 요소	시계, 확성기
	컬러	
	폰트	옴니고딕 050, 노토 산스

● 따라하기

1. 템플릿–배너를 클릭하여 ❶의 "칼~퇴근" 템플릿을 선택합니다.

2. 주 텍스트인 "칼~퇴근"을 더블클릭하여 "마이크로러닝"으로 수정합니다. 한 줄에 나타나도록 텍스트의 영역을 넓히고, 크기를 줄입니다.

3. 다른 텍스트도 위와 같은 방법으로 수정한 후 위치를 정렬합니다. 또 필요 없는 디자인 요소는 삭제합니다.

4. 확성기 든 남자 이미지를 지우고, 검색창에 "확성기"를 검색합니다. ❶의 이미지를 추가합니다.

5. 추가한 이미지를 ❶의 가로로 뒤집기를 실행합니다. ❷위치를 정렬합니다. 개체를 이동할 때 보라색 가이드라인이 나타나면 슬라이드의 가운데 위치하고 있는 것입니다. 가이드라인을 이용하여 이미지를 위아래 여백이 동일하도록 세로선의 중앙에 배치합니다.

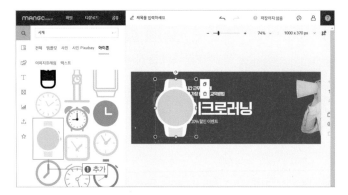

6. 슬라이드에 있는 시계 아이콘을 지우고 검색 창에 "시계"를 다시 검색합니다. ❶의 손목시계를 추가합니다. 손목시계를 이동하고, ❷의 가장아래로를 실행하여 개체의 순서를 정렬합니다.

7. "시계" 위의 텍스트를 수정합니다. 처음 텍스트의 구성과 같이 시간은 크게 하고, 나머지 텍스트는 작게 만듭니다. 텍스트의 위치를 시계의 중앙에 배치합니다. 초록색 가이드라인은 아래의 개체와 가운데정렬이 되었다는 표시입니다.

TMI

망고보드는 보라색과 초록색 가이드라인으로 디자인 요소를 보다 빠르게 정렬할 수 있습니다. 보라색 가이드라인은 슬라이드의 중앙, 위아래, 양끝을 표시합니다. 초록색 가이드라인은 이웃해 있는 디자인 요소와 중앙과 위아래, 양끝을 표시합니다.

8. 배경 탭에서 ❶의 사선패턴을 먼저 선택하고, ❷의 컬러를 선택합니다.

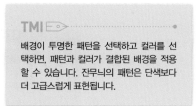

TMI

배경이 투명한 패턴을 선택하고 컬러를 선택하면, 패턴과 컬러가 결합된 배경을 적용할 수 있습니다. 잔무늬의 패턴은 단색보다 더 고급스럽게 표현됩니다.

9. 주 텍스트의 ❶색상 버튼을 클릭하고, ❷의 짙은 노란색을 선택합니다.

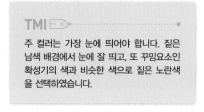

TMI

주 컬러는 가장 눈에 띄어야 합니다. 짙은 남색 배경에서 눈에 잘 띄고, 또 꾸밈요소인 확성기의 색과 비슷한 색으로 짙은 노란색을 선택하였습니다.

10. 시계 아이콘의 컬러를 다음과 같이 바꿔봅니다. 시계 줄은 흰색과 옅은 회색으로 차분하게 보이도록 하고, 시계 알 부분은 옅은 하늘색으로 톤을 낮춥니다. 텍스트는 확성기 이미지의 셔츠 색과 비슷한 컬러를 매치하였습니다.

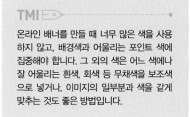

TMI

온라인 배너를 만들 때 너무 많은 색을 사용하지 않고, 배경색과 어울리는 포인트 색에 집중해야 합니다. 그 외의 색은 어느 색에나 잘 어울리는 흰색, 회색 등 무채색을 보조색으로 넣거나, 이미지의 일부분과 색을 같게 맞추는 것도 좋은 방법입니다.

11. 마지막으로 텍스트와 아이콘의 크기를 조정하고, 간격을 맞춥니다. 텍스트를 모두 선택하여 ❶의 세로간격동일하게를 실행합니다. ❷텍스트를 이동하여 보라색 가로 가이드라인이 나타나는 지점에 놓습니다. 이렇게 하면 위아래 여백을 동일하게 지정할 수 있습니다. 텍스트를 정렬하기 위해 ❸의 왼쪽정렬을 클릭합니다.

12. 완성합니다.

05 인스타그램
여행 홍보물 만들기

상황

여행이 좋아 여행사에 취직한 신입사원 장그래. 동아시아 실크로드를 주제로 특별 여행상품이 나왔는데 10월 연휴 전에 고객을 모으려면 시간이 촉박합니다. 오 차장님은 요즘 젊은 사람들 SNS는 기본 아니냐며 장그래에게 인스타그램 홍보물을 만들어 오라고 하십니다. 평소 SNS활동이라고 해봐야 그저 멋진 풍경 사진만 올려봤던 그는 지금 입사 이래 최대 위기입니다. 그 때 "망고보드로 해봐. 이거 엄청 쉬워!"하며 지도며 그래프든 뭐든 뚝딱뚝딱 잘 만들던 대학 친구가 생각나 SOS를 쳤어요.

"야, 망고보드로 인스타그램 콘텐츠 하나 만들어야 되는데, 어떻게 만드냐? 좀 도와주라."

● 준비하기

인스타그램의 주요 콘텐츠는 사진입니다. 멋진 여행 사진, 맛있는 음식, 예쁜 옷과 귀여운 반려동물과 같은 콘텐츠가 인스타그램에서 가장 인기 있는 이유입니다. 이러한 채널을 이용하여 가고 싶은 여행지의 멋진 사진과 간단한 정보를 함께 공유하면 매출에도 좋은 효과를 얻을 수 있습니다.

콘텐츠 기획서

그리스 여행 상품안내
2~30대 여성을 대상으로 가고 싶은 욕망을 이끌어 낼 수 있는 콘텐츠 구성

주제	홍보 문구
여행상품 전체소개	어쨌든 올해는 꼭 가볼 거야. 꿈의 나라 그리스 그리스 하면 떠오르는 눈부시게 새하얀 집과 지붕, 그 길을 걷고 있는 나를 상상해봐요.
주요 여행지 소개	꿈의 나라 그리스 파티의 섬 미코노스
	꿈의 나라 그리스 에게해의 진주 파로스
	꿈의 나라 그리스 자킨토스의 나바지오 해변

콘텐츠 디자인 기획서

사이즈	800*800 (SNS콘텐츠)
콘셉트	꿈속 같은 환상적인 느낌, 청명하고, 맑은 느낌
디자인 요소	구름, 비행기
컬러	■ ■ ■
폰트	1페이지 : 티몬 몬소리, 잉크립퀴드, 데이라잇 B 2~4페이지 : 잉크립퀴드, 잉크립퀴드
사진	여행지 사진

1. 템플릿-SNS를 클릭하여 ❶의 템플릿을 선택합니다.

2. 홍보문구를 수정하고, 텍스트를 정렬합니다.
여러 줄로 입력된 텍스트는 줄 간격도 조절합니다.

3. 검색창에서 '그리스'를 검색하여 ❶의 이미지를 추가합니다. 배경에 이미지 프레임이 있기 때문에, 슬라이드에서 이미지를 잡아 움직이면, 배경으로 바로 들어갑니다.

4. ❶슬라이드 복사를 클릭하여 두 번째 슬라이드를 만듭니다. 복사된 슬라이드는 배경 이미지와 텍스트 하나를 제외하고, 모두 지웁니다.

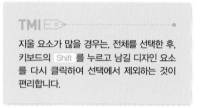

TMI ✐

지울 요소가 많을 경우는, 전체를 선택한 후, 키보드의 Shift 를 누르고 남길 디자인 요소를 다시 클릭하여 선택에서 제외하는 것이 편리합니다.

5. 텍스트탭의 ❶의 디자인 텍스트를 슬라이드에 추가합니다. 디자인 텍스트의 내용과 컬러를 수정합니다.

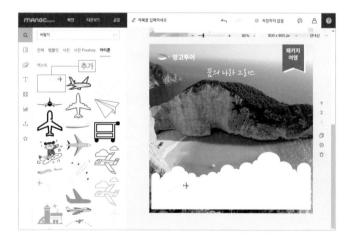

6. 슬라이드를 꾸미기 위해 '구름'과 '비행기'를 검색하여 다음의 디자인 요소를 슬라이드에 추가합니다. 회사의 로고도 추가합니다.

7. 디자인 요소들의 위치를 정렬합니다. 구름과 같이 디자인 요소가 슬라이드 밖으로 벗어나도 괜찮습니다. 이와 같이 전체적인 틀(레이아웃)을 완성합니다.

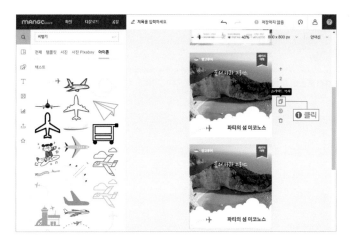

8. 여행지를 소개할 하나의 슬라이드가 완성되면, ❶슬라이드 복사를 클릭하여 같은 슬라이드를 3장 만듭니다.

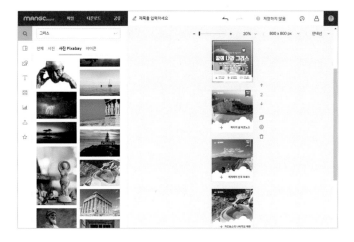

9. 각 장에 맞는 이미지와 텍스트를 수정하면 간단하게 다음과 같은 4장의 인스타그램 홍보 콘텐츠가 완성됩니다.

10. 완성합니다.

http://www.mangoboard.net/publish/1261278

06 블로그 썸네일 이미지 만들기

상황

사내 블로그를 관리하는 엄 대리는 각 파트별로 콘텐츠를 만들어야 해서 매번 신경이 곤두섭니다. 각 부서에서 제공해주는 자료로 글을 정리하는 것은 어렵지 않은데, 매번 썸네일 이미지를 디자인하는 건 시간도 너무 많이 들고, 할때마다 통일성을 주면서 다르게 표현하는 것이 힘이 듭니다. 일정한 틀을 만들어 놓고, 내용만 수정하여 빨리 만들 수는 없을까? 망고보드가 엄 대리의 물음에 답합니다. 지금부터 망고보드만 따라오세요.

🔵 준비하기

썸네일 이미지는 글의 대표성을 갖는 이미지로, 미리보기 이미지라고도 부릅니다. 글의 제목, 내용과 관련된 이미지 또는 간단한 설명으로 구성됩니다. 독자가 글을 선택할 때는 노출 순위 〉글의 제목 〉썸네일 이미지 순으로 선택한다고 합니다. 그만큼 썸네일 이미지는 독자의 클릭을 유도하는 중요한 역할을 합니다.

콘텐츠 기획서	한눈에 보이는 블로그 포스트 제목과 글과 관련된 이미지 위주로 구성하고, 카테고리 별 색에 차별화를 주어 매 회 변화를 준다.	

콘텐츠 디자인 기획서	사이즈	8008800
	콘셉트	밝고, 화사한 톤 배합 포스트의 간판처럼 보이도록 보드를 표현
	디자인 요소	액자, 컴퓨터
	컬러	
	폰트	옴니고딕 050

🔵 따라하기

1. 템플릿–SNS를 클릭하여 ❶의 "특강" 템플릿을 선택합니다.

2. 템플릿의 내용을 정리합니다. 배경과 제목만 남겨두고, 다른 개체는 삭제합니다.

3. 제목을 입력하고, 크기를 조절합니다.
❶그래픽-이미지 프레임을 선택하여
❷의 16:9 이미지 프레임을 추가합니다.

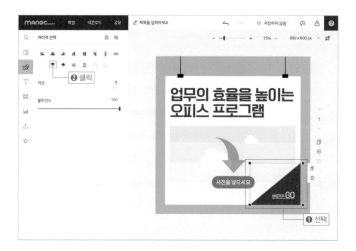

4. 이미지 프레임 아래의 ❶디자인 요소를 모두 선택하여 ❷가장위로를 클릭합니다.

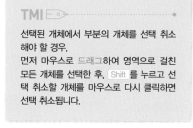

TMI

선택된 개체에서 부분의 개체를 선택 취소해야 할 경우,
먼저 마우스로 드래그하여 영역으로 걸친 모든 개체를 선택한 후, Shift 를 누르고 선택 취소할 개체를 마우스로 다시 클릭하면 선택 취소됩니다.

5. ❶배경 색상 버튼을 클릭한 후 ❷를 클릭하여 배경색을 바꿉니다.

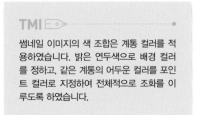

배경 컬러

포인트 컬러

TMI

썸네일 이미지의 색 조합은 계통 컬러를 적용하였습니다. 밝은 연두색으로 배경 컬러를 정하고, 같은 계통의 어두운 컬러를 포인트 컬러로 지정하여 전체적으로 조화를 이루도록 하였습니다.

6. 텍스트의 컬러를 수정합니다.

먼저 ❶전체를 선택하여 검은색으로 지정하고, ❷아랫부분을 부분 선택하여 포인트 컬러로 지정합니다.

텍스트 컬러

포인트 텍스트 컬러

7. 검색 창에서 컴퓨터를 검색합니다.

❶의 이미지를 클릭하여 슬라이드에 추가합니다. ❷추가한 이미지를 이미지 프레임에 넣습니다.

응용

1. 슬라이드 오른쪽의 슬라이드 복사를 클릭하여 같은 내용을 담은 두 장의 슬라이드를 만듭니다.

2. 슬라이드의 배경 컬러와 포인트 컬러를 바꿔줍니다. 컬러는 앞의 방법처럼 주색을 정하고, 같은 계통의 포인트 컬러를 정합니다. 제목을 바꾸고, 색을 맞춰줍니다.

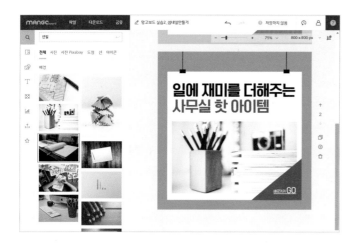

3. 이미지 프레임에 다음의 이미지를 넣어 완성합니다.

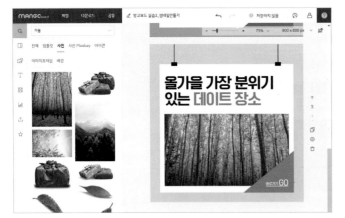

4. 위와 같은 방법으로 세 번째 슬라이드까지 완성합니다.

▶ http://www.mangoboard.net/publish/844798, 짧은 URL https://goo.gl/j16zxQ

TIP 템플릿 활용법

하나의 템플릿을 완성하면 내용과 이미지만 바꿔 새로운 썸네일 이미지를 만들기가 쉬워집니다. 이러한 템플릿에는 이미지 프레임이 매우 중요한 역할을 합니다.

이벤트 당첨자 안내문 만들기

상황

작은 출판사를 운영하는 윤 대표. 새로운 책이 나올 때마다 다양한 홍보 이벤트를 진행합니다. 그런데 이번 서평 이벤트에는 당첨자 수가 좀 많습니다. 일일이 당첨자 명단을 쳐 넣으려니 시간도 많이 걸리고, 혹시 옮기다가 오탈자도 날 것 같아 신경이 쓰입니다. 한 번에 당첨자 명단 리스트를 쉽게 만들 수 있는 방법은 없을까? 윤 대표처럼 이벤트, 프로모션을 진행하는 작은 기업, 가게들이 유용하게 쓸 수 있는 꿀팁을 소개합니다.

휴잉북스 서평이벤트

당첨을 축하드립니다.

당첨자 선물은 12월 1일부터 직접 연락드립니다.

취미지원금 10만원	지금행복해님	010-****-***4
취미지원금 5만원	잘될걸님	010-****-***5
취미지원금 3만원	방통맘님	010-****-***6
커피쿠폰	나는나님	010-****-***7
커피쿠폰	고양이집사님	010-****-***8
커피쿠폰	언제나지금처럼님	010-****-***9
커피쿠폰	다정해님	010-****-**10
커피쿠폰	내일은선물님	010-****-**11

🫧 준비하기

대부분의 그래픽 프로그램은 텍스트를 직접 입력하고, 하나씩 정렬해야 합니다. 그래서 많은 텍스트를 넣어야 하는 디자인 콘텐츠 작업은 시간도 오래 걸리고, 쉽지 않습니다. 망고보드는 구글 스프레드시트의 데이터를 디자인 안에 바로 추가할 수 있습니다. 엑셀에서 정리한 데이터를 구글 스프레드시트에 올리고, 망고보드로 불러와 쉽게 작업해 보세요.

콘텐츠 기획서	휴잉북스 서평이벤트 당첨자 안내 서평이벤트에 참가한 독자 중 10명의 명단 추가, 반드시 이름은 빼고, 닉네임만 표시하고, 핸드폰 번호는 "*"로 가리고, 마지막 끝자리만 나오게 해야 함

콘텐츠 디자인 기획서		
사이즈	800*800	
콘셉트	따뜻함이 느껴지도록 아기자기한 일러스트와 컬러 사용	
디자인 요소	별, 나무	
컬러	▨ ▨ ▨	
폰트	tvN 즐거운이야기, 옴니고딕 050	

🫧 따라하기

1. 템플릿-SNS에서 다음의 템플릿을 선택합니다.

2. 다음과 같이 필요 없는 디자인 요소를 삭제하고, 내용을 수정합니다.

3. ❶하단의 이미지를 복사한 후, ❷세로로 늘여 뜨려 두 개의 이미지를 겹치게 합니다.

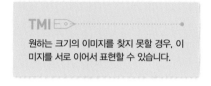

원하는 크기의 이미지를 찾지 못할 경우, 이미지를 서로 이어서 표현할 수 있습니다.

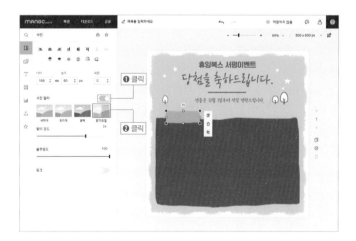

4. ❶하단의 이미지를 하나 더 복사한 후, 크기를 줄입니다. ❷사진 필터를 선택한 후 밝기를 적용합니다.

*밝기필터는 이미지의 원래의 색을 밝은 색으로 만들어 줍니다.

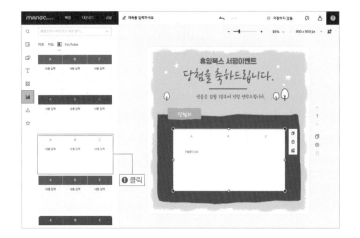

5. 차트·지도·표·유튜브–표를 클릭하여
❶의 표를 슬라이드에 추가합니다.

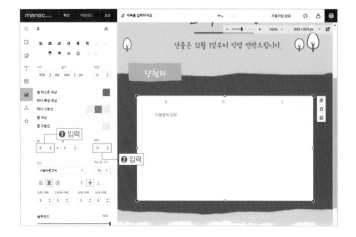

6. 표를 클릭하여 표 옵션에서 ❶행을 8,
❷헤더는 0으로 설정합니다.

행	열	헤더
8 ⬍	×	3 ⬍	0 ⬍

7. 크롬의 새창을 열어 오른쪽 ❶구글앱
버튼을 클릭한 후, ❷의 스프레드시트
를 클릭합니다. 또는 주소 창에서 docs.
google.com을 입력합니다.

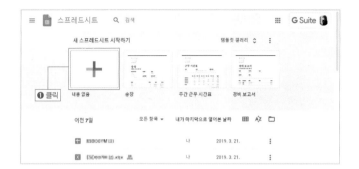

8. 왼쪽 상단의 기본메뉴-구글스프레드시트를 클릭합니다. ❶새 스프레드시트 시작하기를 클릭하여 새로운 시트를 엽니다.

9. 구글 스프레드시트는 엑셀과 거의 비슷합니다. ❶과 같이 셀에 내용을 채우세요. ❷제목을 적습니다.

10. 다시 ❶파일의 ❷웹에 게시를 클릭합니다.

11. 웹에 게시 창에서 ❶의 게시를 클릭합
니다. ❷의 확인을 클릭합니다.

12. ❶X를 클릭하여 웹에 게시 창을 닫습니
다.

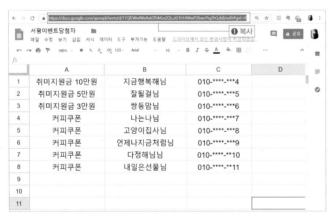

13. 주소를 마우스로 클릭한 후, 파랗게 선
택된 웹 주소를 Ctrl + C 를 눌러 복사
합니다.

14. 망고보드 작업창으로 돌아와 슬라이드의 표를 클릭합니다. ❶의 데이터 설정을 클릭합니다.

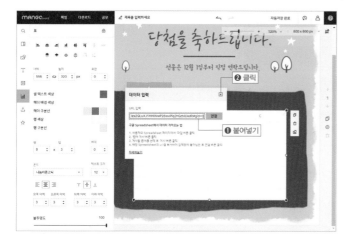

15. ❶구글 스프레드시트를 클릭하여 주소창에 붙여넣기 합니다. ❷X를 클릭합니다.

16. 표 안에 구글 스프레드시트의 데이터가 들어 왔습니다. 텍스트의 크기, 폰트, 행구분, 선의 컬러를 조절합니다.

17. 디자인 요소를 정돈한 후, 완성합니다.

▶ https://www.mangoboard.net/publish/845703

TIP │ 명단을 수정해야 할 경우

1. 구글 스프레드시트를 열어 데이터를 수정합니다.
2. 데이터 설정을 클릭합니다.
3. ❶의 해제를 클릭하여 데이터 연결을 해제하고, ❷의 연결을 다시 클릭합니다.
4. 수정된 데이터가 표에 나타납니다.

BIG TMI

망고보드의 많은 기능과 활용법에 대해 쉽게 이해가 되셨나요?

미디어 콘텐츠 시대에 원하는 콘텐츠를 빠르고, 효율적으로 제작할 수 있는 앞선 방법을 익히게 된 것을 축하드립니다. 어떤 분들은 내용을 하나하나 확인하며 기능과 팁을 익히고 있을 것이고, 또 어떤 분들을 벌써 실무에 활용하고 계신 분도 있을 것입니다. 한 가지 더 TMI(Too much information)로 추가하자면, 망고보드의 많은 장점 중 가장 좋은 것은 고객의 소리를 직접 듣고, 반영하려 애쓴다는 점입니다. 망고보드 고객센터는 [1:1문의]와 매주 업데이트하는 디자인, 고객이 필요한 디자인 요소를 요청하는 [망고야 부탁해]의 게시판을 운영 중입니다. 망고보드를 사용하는 사용자라면 누구나 문의하고, 필요한 의견을 게시할 수 있습니다.

1:1 문의
주제별로 궁금한 내용을 1:1로 문의할 수 있습니다.

공지사항
새로운 디자인을 매주 업데이트하여 공지합니다.

망고야 부탁해
필요한 디자인 요소, 템플릿, 기능 등을 언제든지 요청할 수 있습니다.

그래도 안된다면 전화 문의할 수 있어요

전화문의 02-2655-9749
응답시간 09:00~12:00 / 13:00~18:00

MANGCboard

 에필로그

2016년 8월 한 전시회장에서 운명처럼 망고보드를 만났고, 그 인연으로 이렇게 망고보드를 위한 책까지 집필하게 되었습니다. 책 쓰기를 시작하고, 아주 오랜 시간이 걸렸습니다. 망고보드의 계속되는 업그레이드로 원고를 쓰고 엎는 일이 많았기 때문이죠.

하지만, 저의 원고가 엎어질수록 망고보드는 점점 더 좋아지고, 더 안정적이고, 탄탄해졌습니다. 처음 썼던 원고의 내용과 비교해 보면 정말 많이 바뀌었구나 싶은 생각이 들 정도로 좋아졌습니다. 모두 고객의 요구에 맞춰 하나씩 개선해 온 결과입니다. 앞으로도 망고보드는 계속 발전할 것이라 저는 믿고 있어요.

책을 내면서 먼저 망고보드를 위해 많은 시간을 고민하고, 열심히 개발해 온 망고보드 개발사 리아모어소프트 직원 여러분께 감사 인사를 드립니다. 이런 좋은 프로그램을 알게 되고, 집필할 기회를 얻게 된 것을 보면 저는 운이 참 좋은 사람인 것 같습니다.

그리고 책 쓴다고 소홀했던 집안일을 잘 도와준 남편과 엄마 손이 안 가도록 알아서 잘 커주는 아들들에게도 감사합니다. 늘 격려해주신 권기수 이사님, 예쁘게 디자인해주신 얼앤똘비악, 교정을 도와주신 윤치영 선생님, 힘 빠질 때마다 응원해주셨던 나의 친구들, 페이스북 지인들 모두 감사드립니다.

오랜 작업의 매듭을 잘 지을 수 있어서 충만한 시간이었습니다.

저자 엄혜경 드림